# 京都名庭を歩く

宮元健次

光文社新書

# 目次

# プロローグ

京都が日本一の観光地であることは誰もが認めるところである。大戦の空爆を免れたこと、千年にわたり都が置かれたこと、そして美しい自然環境に恵まれていること。これらすべてを満たす観光スポットは京都をおいて他にはあるまい。

春には匂い立つ花。夏には目にしみる緑、秋には燃え上がるような紅葉、そして冬には純白の雪。一年を通して京都は人々を魅了してやまない。

中でも突出しているのが、その珠玉の庭園群である。京都だけで世界遺産に登録された庭園八箇所を有することからも、それは明らかであろう。

ところで、庭とはいったい何だろうか。

私たちは、時として庭園を訪れたくなるのはなぜだろうか。

若い頃は、さして興味を示すことのなかった何のへんてつもない庭園に、晩年に近づくにつれて徐々に惹かれはじめるといったことをよく耳にする。いいかえれば、老いや死といったものに対峙してはじめて庭の魅力がよりわかるようになるといえないだろうか。

ここで注目したいのが、庭園の成り立ちに深くかかわりのある、死=他界の概念である。庭園の形式で最も古いものが、川や池などの水を全く用いず、石組を中心につくられる「枯《かれ》山水《さんすい》」である。その始まりは、はるか古代の巨石信仰にまで遡る。古い神社の裏山に登ると、神が宿るという「岩倉」と呼ばれる巨石がしばしば見られるが、これが神社の発祥であり、庭園の起こりでもある。

中世の庭づくりのテキスト『作庭記《さくていき》』によれば、こうした岩倉や古墳の石室などの巨石を容易に取り除く事ができなかったので、逆にそれらを作庭に生かしたものだという。鎌倉時代に入り、禅宗が日本にもたらされると、その仏教観を表すために、禅寺の庭へ石立僧《いしだてそう》(石庭を自ら造った僧のこと)と呼ばれる禅僧によって本格的な石庭がつくられるようになった。

このように枯山水は、神仏の信仰とのかかわりの中から発達したため、そこには人間の一生にとって最も切実なテーマである「生死観」が強く込められてきた。例えば枯山水の石ひとつ取り上げてみても、あの世にあるという「普陀落山《ふだらくさん》」や「須弥山《しゅみせん》」に見立てられ、「三《さん》尊石《そんせき》」や「十六羅漢石《じゅうろくらかんせき》」というのも、あの世に住む仏を表したものである。

このような庭園に死後の世界=あの世を表現するという行為は、なにも枯山水に限ったことではなく、庭園のあらゆる形式の中に見出すことができる。例えば浄土式《じようど》庭園の「浄土」とはあの世のことであり、あの世を三次元空間として再現したものである。また、寝殿造《しんでんづくり》系庭園や、書院造《しよいんづくり》系庭園の池に浮ぶ中島は、やはり須弥山に見立てられたものであった。庭園建築の多くが、死を迎えるまで、心安らかに過ごす隠居所として造られたこともてつだって、古来、人々はそこに清らかなあの世を見ようとしたからに他ならない。

そこで、庭の本質を死＝他界であるという新たな視点をもって、再び京都の名庭に対峙してみたい。庭園が私たちに饒舌に語りかけてくるのである。

第一章で取り上げる西芳寺は、ひとことでいえば、古墳の墓石を用いて、地獄と天国を行き来して他界を体験させる庭である。また第二章の平等院は、浄土式庭園の代表作として、京都から見て宇治川の対岸、つまり三途の川の向こう側にあの世を再現したものである。またそれ以降で取り上げる金閣寺や銀閣寺、醍醐寺や神泉苑、桂離宮や修学院離宮など、名だたる庭園の数々についても、またしかりなのである。

それでは、「あの世」「滅び」といった新たな概念をもって、しばし珠玉の庭園の闇に分け入ってみよう。

## 枯山水式庭園

自然風景を石組を主として表現した庭園の形式。自然風景式庭園と最も大きく異なる特徴は、自然風景式が山水をそのまま模倣したのに対し、枯山水は水を用いずに比喩的に山水を表した点にある。平安時代後期に書かれた庭園書『作庭記』に「枯山水」が登場するが、今日言う枯山水式庭園は室町時代、禅宗寺院の庭を中心に発達を遂げてきた。

## 浄土式庭園

奈良時代に入ると、仏教の伝来とともに浄土思想が芽ばえる。浄土とは仏がいるといわれる清らかな死後の世界のことで、極楽もその一つであり人々のあこがれの場所だった。この極楽浄土を再現しようとしたものこそが浄土式庭園と呼ばれる。その代表例が平等院。以後、浄土式庭園は次第に完成期に入り、さまざまな種類の浄土式庭園が造られた。

## 寝殿造系庭園

平安時代の貴族の住宅形式を寝殿造といい、この寝殿造の住宅に付随することから名付けられた。基本的な形式は、寝殿の南面に遊宴や行幸のための池を作り、池には必ず中島を設けて反橋などをかけた。それらの配置は、当時の先端知識であった陰陽五行説に基づくものといわれる。『源氏物語』の舞台となるなど、貴族の華やかな生活の舞台となっていた。

## 書院造系庭園

寝殿造系庭園が、平安時代の貴族の住宅である寝殿のための庭であるのに対し、書院造系庭園は、室町時代以降の武士の住宅形式である書院造のための庭。後に、枯山水や茶室の露地の形式などさまざまな影響を受け、寝殿造系庭園に取り入れることによって桃山時代に独自の書院造系庭園と呼ばれるものが完成した。桂離宮など数多くの傑作が生まれた。

# 第一章　日本庭園の原形

# 1　西芳寺

## 最古にして最上の庭園

通称「苔寺《こけでら》」と呼ばれるその庭は、京都の西、洪隠山《こういんざん》のふところに静かに眠っている。このあたりは、北に松尾《まつのお》大社や天龍寺《てんりゅうじ》、南に桂離宮が位置し、東山や洛北と並んで京都の観光名所の一つとして知られている。季節を問わず、散歩客でつねににぎわう。

京都バス「苔寺」で下車、西芳寺川に沿って歩いていくと、やがてひっそりとした総門が川向こうに見える。橋を渡り、総門を潜《くぐ》ると両脇を樹木に覆われた参道がさらに続き、拝観者の庭を見たいという気持ちがさらにかき立てられる。はやる心を押し殺し、我慢強く歩いた末、庭園に対峙した瞬間、誰もが息を呑むに違いない。地肌一面、約百二十種に及ぶ青々とした苔にびっしりと覆われた池庭が目前いっぱいに拡がるのだ。

この庭こそが現在世界遺産にも指定されている京都を代表する名庭の一つ、西芳寺《さいほうじ》庭園である。名庭と呼ばれるゆえんは、他の数多くの著名な庭園の原形とされた点に如実にあらわれている。本書で後に取り上げる金閣寺庭園にしろ、銀閣寺庭園にしろ、この西芳寺庭園を模《も》して造られたものなのである。また、直接模さないまでも、京都の名だたる庭園のほとんどが西芳寺の影響を受けているといっても過言ではない。

例えば、西芳寺の有名な枯山水の石組は、背後の古墳の墓石を利用したものであるが、後述する龍安寺石庭の石組も背後の古墳の墓石を転用したものである。また同じく後に取り上げる桂離宮の中心御殿・古書院《こしょいん》は、西芳寺の湘南《しょうなん》亭《てい》の影響を受けたものといわれる。さらに明治以前の修学院離宮の上下二段構成も西芳寺の影響であることがわかる。

西芳寺総門。歩いていくと息を呑むほど美しい池庭が待ち受ける。

西芳寺庭園は室町初期に、禅僧・夢窓国師《むそうこくし》（夢窓疎石《そせき》）によって造られた。遺跡や復元された庭を除いた生きた庭園としては、最も古い庭園の一つに属する。芸術は試行錯誤を世のことわりとするのならば、はじめにして最上のものが造られた希有な一例といってよいだろう。

## 〃流浪の石立僧〃

もともとこの寺は、天平年間に名僧行基《ぎようぎ》が開いた場所で、一三三九年、足利尊氏《あしかがたかうじ》が夢窓国師を迎えて再興したものである。

石庭を自ら造った僧を石立僧と呼ぶが、夢窓国師はその始祖といわれ、この西芳寺も、後述する天龍寺も彼が手掛けた。石立僧というと、がっちりとした巨漢を想像しがちだが、今に伝わる夢窓国師の木像を見ると、なで肩で華奢《きやしや》な体つき、いかにも気の弱そうな顔をしている。平均五十歳といわれる当時の寿命からみれば超人的な七十七歳まで生き、なんと七代に及ぶ天皇・上皇から国師号を賜り、さらに足利尊氏の政治顧問を担当しながら一万人を超える弟子を育てた人物とは考えられない姿なのである。

夢窓国師像。彼が庭に託したものは？

夢窓国師は、一二七五年、伊勢《いせ》（三重県）に生まれ、四歳となると甲斐《かい》（山梨県）に移り住んだ。九歳の時、仏門に入り、二十歳になると各地に師を求めて流浪の学門僧となる。

鎌倉の瑞泉寺庭園。夢窓国師は三十年以上に及び各地を転々とした。

一三二五年、五十一歳になって初めて京都の南禅寺《なんぜんじ》の住持となる。彼は三十年以上も流浪していたが、南禅寺に落ちつくことなく、鎌倉の浄智寺《じょうちじ》、円覚寺《えんがくじ》、甲府の恵林寺《えりんじ》と住持を転々としている。それは彼の徳を慕って集まってくる弟子や信者から逃れるためであり、その修行僧としての世俗を避ける態度は徹底していた。

一三三三年、鎌倉幕府が滅びると、今度は京都の臨川寺《りんせんじ》の住持となり、さらに天龍寺を創建、そして西芳寺の再建に至ったわけである。

そして、夢窓はこれらの流浪の先々で、庭造りに精を出している。例えば、鎌倉の瑞泉寺《ずいせんじ》庭園は、夢窓が一三二七年に手掛けた庭園の遺跡であり、また岐阜県多治見《たじみ》市の永保寺《えいほうじ》庭園も彼が一三一三年頃に関与した庭園であるといわれる。また、臨川寺や等《とう》

京都の等持院庭園。枯滝組など、凝った造りが随所に見られる。

持院《じいん》等、彼が手掛けた庭園の遺跡が、わずかだが遺されている。そして、夢窓が流浪の末、石立僧として最後にその人生をかけて造営した庭園こそが、西芳寺と天龍寺の二庭園だったのである。

**自然にこそめざすものがある**

それでは、高僧として名高かった夢窓国師がなぜあえて作庭に手を染めなければならなかったのだろうか。彼の説法をまとめた『夢中問答集《むちゅうもんどうしゅう》』には次の言葉がある。

志は煙霞《えんか》にあり

煙霞とは自然のことであり、自然にこそめざすものがあるというのである。また次の一句がある。

山水には得失なし、得失は人の心にあり

すなわち、自然そのものに損得や利害などはない。それらは人の心にあるものだ。損得や利害の心を捨てて、山水の四季の移り変わりを修行の手立てとし、真実を求めよというのである。さらに、自ら作庭した天龍寺の庭を詠んだ詩に「曲岸回塘《きょくがんかいとう》、眼《まなこ》を著《つ》くるを休めよ。夜闌《よるたけなわ》にして、月の波心《はしん》に落つる有り」とあり、表面的な美しさにまどわされずに、自然に真実を見よと諭している。

つまり、夢窓国師にとって、作庭は自らの修行であるとともに、人々に彼の仏法を説き、仏へ導く手だてであったことがわかる。

## 「地獄と天国」の上下二段構成

夢窓国師の庭に彼の仏法が込められているとしたら、果して西芳寺庭園には、どのようなメッセージが込められているのだろうか。

西芳寺庭園の特徴の一つに、上下二段構成になっている点がある。下段は、苔の庭として知られる心字池《しんじいけ》を中心にした池泉廻遊式《ちせんかいゆうしき》庭園（池の周囲を巡り歩いて鑑賞する庭の形式）。また上段は、洪隠山の枯山水庭園であり、全く別世界を苑路で結んだものである。下は水と植物による快楽的な世界。上は石で構成された険しく厳しい世界となっている。これらの結界として、苑路の途中に「向上関《こうじようかん》」と呼ばれる門が設けられていることからも、偶然そうなったわけではなく、作者が最初から意図したものであることが明らかだ。

『西芳寺縁起《さいほうじえんぎ》』によれば、もともと下段には「西方寺《さいほうじ》」があり、また上段には「穢土寺《えどじ》」があって、夢窓国師がそれら二寺を合体させて作庭したものという。下段の西方寺の名称は「西方浄土《さいほうじようど》」すなわち清らかなあの世を意味している。また上段の穢土寺の穢土とは、けがれた不浄の場をあらわし、浄土と対極的に用いられる言葉である。『維摩経《ゆいまきよう》』によれば、地獄である三界六道の土は不浄で汚穢《おわい》に満ちているとブッダが語ったという。つまり浄土が天国だとしたら、穢土は地獄にあたる。穢土と浄土、地獄と天国をそれぞれ上下二段に構成したことになるのだ。

ここに夢窓国師の意図を明快に読み取ることができる。おそらく彼は、仏教の宇宙観ともいうべき須弥山《しゆみせん》世界を造ろうとしたのではないだろうか。須弥山とは、地獄と天国で構成された「あの世」のことである。

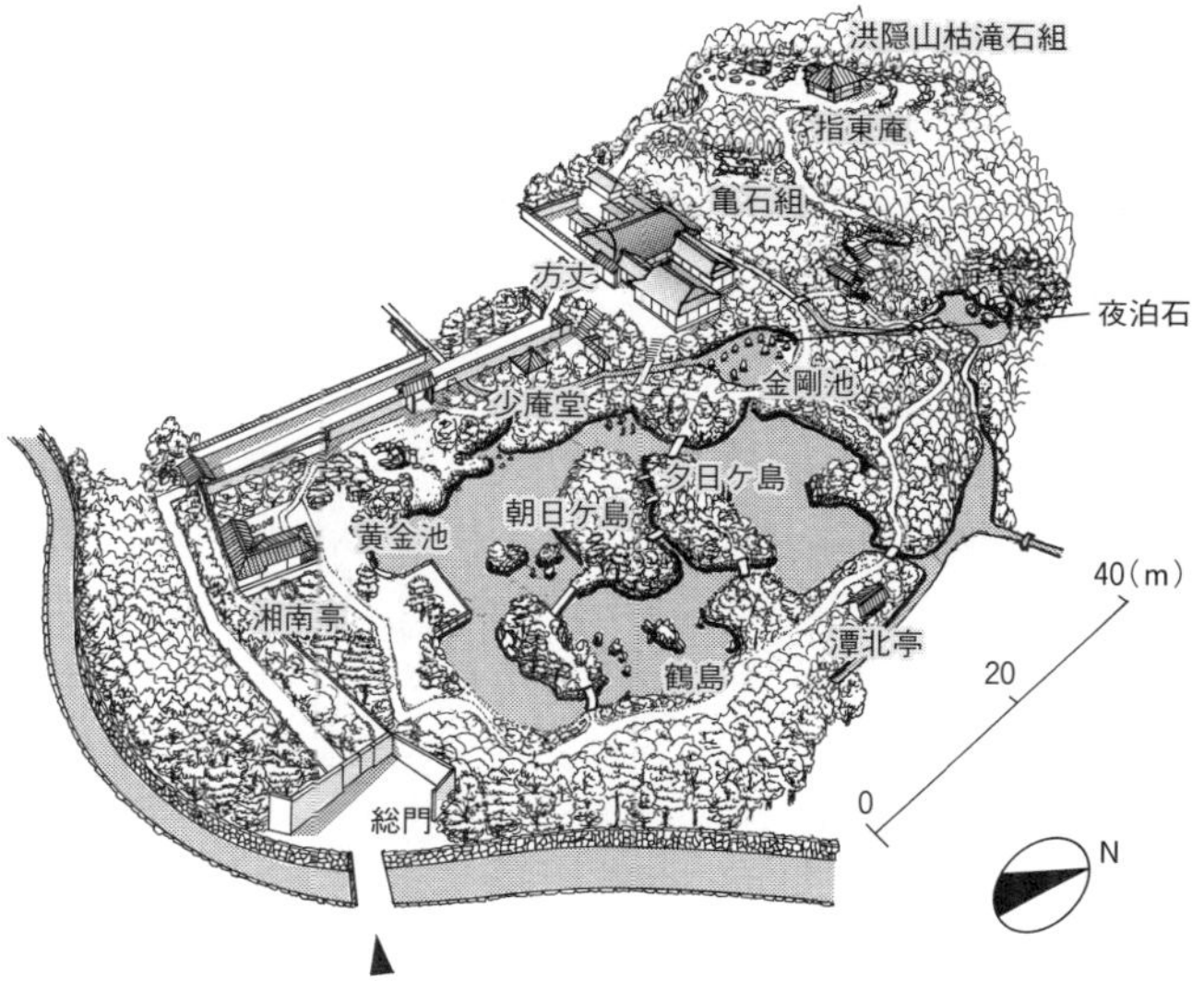


西芳寺庭園鳥瞰図。金閣寺、桂離宮など、その後の日本庭園に多大な影響を与える。

夢窓は、おそらく須弥山世界を穢土と浄土の上下二段構成の庭として再現しようとしたのだろう。そして廻遊路で連結し、地獄と天国を行き来し、他界を体験させようとしたのかもしれない。西芳寺の上段の石組は、裏山に存在する数多くの古墳の墓石を利用したものである。墓石を庭として鑑賞することは、「あの世」を見ることに他ならないのである。しかも、この石組を古来「須弥山石組」と呼ぶ点にこそ、夢窓国師の意図が如実に現れているといってよいだろう。

## 日本庭園の定石となる

本書冒頭で庭の本質は死＝他界に関係しているのではないかと述べたが、西芳寺庭園のコンセプトは、まさに他界であった。

この西芳寺の上下二段構成が、その後日本庭園の一形式となっていく。西芳寺と同じく世界遺産に登録されている金閣寺（鹿苑寺《ろくおんじ》）庭園もその一つである。西芳寺の瑠璃殿《るりどの》を模した金閣の建つ下段の池泉廻遊式庭園と、夕佳亭の建つ上段の二段構成をもつ。一三九七年、将軍足利義満《あしかがよしみつ》の北山殿《きたやまどの》として造られたもので、彼は弱年の頃よりしばしば西芳寺の指東庵《しとうあん》で座禅を組むほどの入れ込みようであった。

また、銀閣寺（慈照寺《じしょうじ》）庭園も西芳寺庭園の上下二段構成を取り入れている。銀閣の建つ下段の池泉廻遊式庭園のみならず、西芳寺の縮遠亭《しゅくおんてい》、指東庵、西来堂《さいらいどう》、向上関《こうじょうかん》、瑠璃殿、合同船《ごうどうせん》、邀月橋《ようげつばし》、湘南亭《しょうなんてい》に対応して、銀閣寺に超然亭《ちょうねんてい》、西指庵《せいしあん》、東求堂《とうぐどう》、太玄関《おおげんかん》、銀閣、夜泊船《よどまりせん》、龍背橋《りゅうせばし》、釣秋亭《ちょうしゅうてい》を造るなどその模倣は徹底していた。銀閣は一四九〇年、将軍足利義政《あしかがよしまさ》によって造られたが、『蔭涼軒日録《いんりょうけんにちろく》』によれば豪雨の中ですら西芳寺庭園を訪れ絶讃し、また女人禁制の西芳寺を一目母に見せたいと、母の住む高倉殿《たかくらどの》に西芳寺庭園を再現したほどであったという。ちなみに自ら着手した銀閣寺の西指庵には、夢窓国師の色紙を貼った襖があったという。

このように見てくると、有名な金閣寺も銀閣寺も、その庭園は西芳寺をルーツとしていることがわかる。そして、この上下二段構成は、西芳寺と同じく世界遺産に登録されている醍《だい》醐《ご》寺三宝院や明治以前の修学院離宮《しゅうがくいんりきゅう》、桂離宮などに受け継がれていく。また後に詳しく述べる通り、修学院離宮を造営した後水尾院の他の別荘、幡枝《はたえだ》御殿（現・円通寺）や岩倉御殿や後水尾院の弟・道晃法親王の長谷御殿なども上下二段構成をもっていた。さらに桂離宮を造営した八条宮《はちじょうのみや》家の他の別荘、開田御茶屋《かいでんのおちゃや》、高峰御茶屋《たかがみねおちゃや》、御陵御茶屋《みささぎおちゃや》なども上下二段構成であり、もはや定石となった観がある。

しかし、これらの江戸時代初期の庭の多くは、上下二段構成こそもっているものの、金閣寺庭園や銀閣寺庭園のように、夢窓国師の意図した地獄と天国のコンセプトを熟知した上の模倣ではなく、各建物の名称などをみてもすでに形骸化してしまっているのである。

それは、天下太平の時代となって、死＝他界への不安が希薄になったためなのだろうか。西芳寺庭園には、未だ戦火や飢餓によって死への不安が満ちていた時代の内面の救いといったメッセージが強く込められているのである。

## 西芳寺（苔寺）

***data***

**成り立ち**

天平年間（729〜749）、聖武天皇の命で名僧・行基が開山したと伝えられる古刹。1339（暦応2）年に夢窓疎石が禅宗寺院として復興した。

**見　所**

約120種の苔が境内を覆い、緑の絨毯を敷き詰めたような美しさから苔寺とも呼ばれている。庭園（特別名勝に指定されている）は上下二段構え。上の枯山水と下の池泉回遊式で、黄金池は「心」の字を描く。日本庭園史上重要な位置を占め、後世の庭園に大きな影響を与える。

**アクセス**

京都バス「苔寺」下車すぐ

**問い合わせ**

☎ 075-391-3631

**拝　観**

参拝は事前申し込み。西芳寺参拝係へ往復はがきに拝観希望日、人員、代表者の住所・氏名を記載の上、希望日の1週間前までに届くよう申し込みのこと

**所　在**

京都市西京区松尾神ヶ谷町56

**拝観料**

3000円〜

**時　間**

申し込み時に指定される（詳細は返信はがきでお知らせ）

**駐車場**

なし

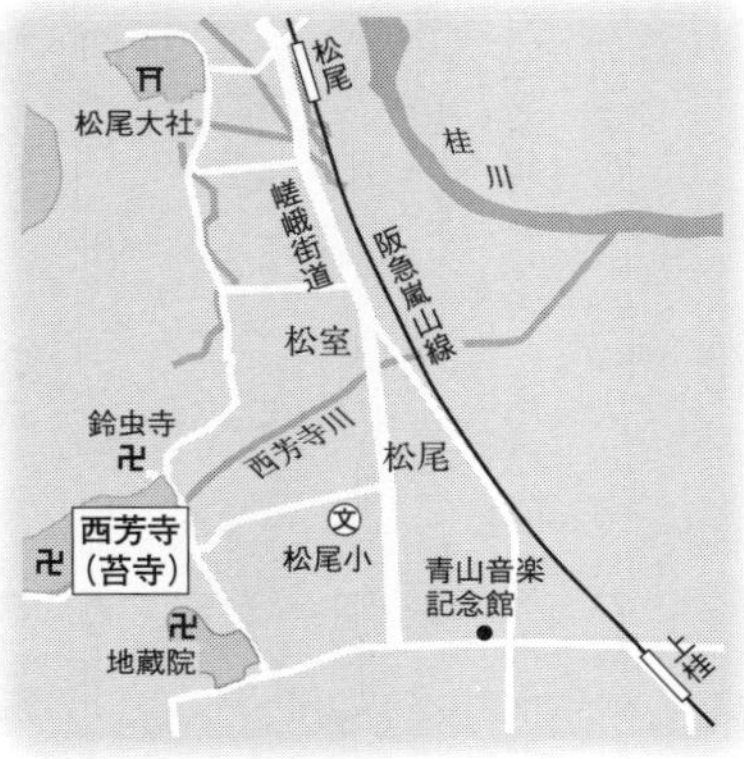

## 2　天龍寺

### 「登竜門」の語源

天龍寺庭園は、西芳寺庭園と同年の一三三九年、同じく夢窓国師によって作られた庭である。つまり西芳寺と天龍寺の庭園は、双子の関係にあるといってもよいだろう。共に世界遺産に登録されている。

京都を代表する観光スポット嵐山《あらしやま》に、夢窓国師が晩年を過ごした臨川寺と共に位置する。周辺には保津川《ほづ》（桂川《かつら》）が流れ、渡月橋《とげつきょう》が架かる。嵐山や亀山《かめやま》といった山の景観とあいまって、名庭にふさわしいロケーションを形成している。

ＪＲ山陰線嵯峨《さが》嵐山《あらしやま》駅、あるいは京福《けいふく》電鉄嵐山線嵐山駅から少し歩くと、やがて天龍寺の総門が見えてくる。門を潜り、左に放生池《ほうじょうち》を望みつつ参道を進み、台所と寺務所を兼ねた巨大な切妻造りの庫裏に入る。黒光りするうす暗い廊下をさらに歩いていくと、突然目の前に鮮やかな大パノラマが開ける。大方丈《おおほうじょう》の広縁ごしに展開するこの池庭こそが、あの夢窓国師の手になる天龍寺庭園である。

天龍寺庭園。後醍醐天皇が眠る亀山を借景にしている。

龍門の滝。「登竜門」の発祥地。

曹源池《そうげんち》を中心として、借景《しゃっけい》（背景を庭園の一部として取り入れる手法）として背後の亀山の景観を大胆に取り入れつつも、池岸に険しい石組を施して全体を厳しく引き締めている。九七五年にはすでに池が存在し、後の後《ご》嵯峨《さが》上皇の仙洞御所《せんとうごしょ》である亀山殿《かめやまどの》を夢窓自ら造り直したものである。

『天龍紀年考略《きねんこうりゃく》』によれば、池中から発見された霊石に、夢窓が「曹源一滴《そうげんいってき》」と彫ったことから、「曹源池」と命名されたと伝えられる。正面に「龍門《りゅうもん》の滝」と呼ばれる三段の滝組があり、二段目の鯉魚石《りぎょいし》は、鯉《こい》が滝を登る姿を写したものという。これは、中国の山西省にある龍門の滝の故事「鯉が滝を登ると竜になる」を再現したもので、「登竜門《とうりゅうもん》」という言葉

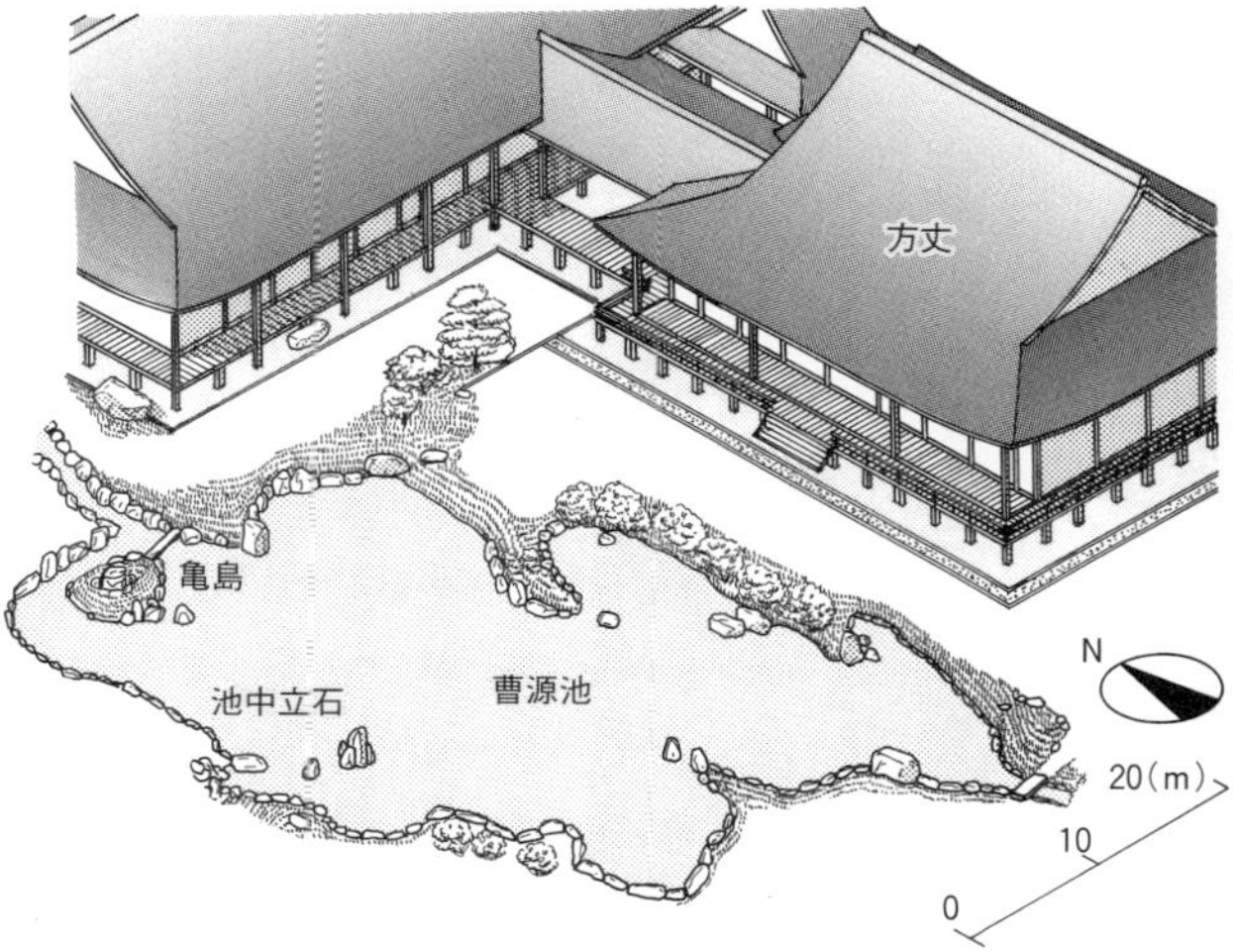


天龍寺庭園鳥瞰図。夢窓国師はこの地を後醍醐天皇鎮魂の寺とした。

の日本における発祥でもある。

## 後醍醐天皇鎮魂の庭

一三三八年、初代将軍足利尊氏《あしかがたかうじ》が幕府を鎌倉から京都に移して以来、室町時代が始まる。尊氏は後醍醐《ごだいご》天皇を吉野《よしの》（南朝）に追放して光明《こうみょう》天皇を擁立《ようりつ》（北朝）、以後両天皇が対立して南北朝時代を招いた。南北朝の動乱は、じつに五十六年にもおよび、京都は地獄さながらの惨状と化した。兵士や百姓らのむくろは道傍に放置されたまま、決して顧《かえり》みられることはなかったという。

　夢窓国師は、動乱の犠牲者の供養を説いてまわったという。しかし、足利尊氏は後醍醐天皇を倒すために殺戮《さつりく》をやめようとはしない。『太平記』によれば、さすがの尊氏もたび重なる夢窓の説得にほだされ、全国に安国寺《あんこくじ》・利生塔《りしょうとう》を建立、一切経《いっさいきょう》の写経《しゃきょう》を発願《ほつがん》したという。

一三三九年、尊氏と対立する後醍醐天皇は吉野の仮宮で崩御《ほうぎょ》した。夢窓は一時、後醍醐天皇をパトロンとしたことがあり、その崩御は彼をいたく悲しませたという。夢窓はある夜、帝《みかど》が比丘《びく》（法体）となって、亀山の行宮《あんぐう》に入られる夢を見たという。早速、夢窓は後醍醐天皇鎮魂《ちんこん》の寺を、その宿敵である尊氏、直義《ただよし》兄弟に建てるよう直言した。直義に対する夢窓の説法をまとめた『夢中問答集』の中には、次の一句がある。

怨敵とて厭《いと》うべき者もなし

たとえ怨みのある敵だからといって、本来嫌うべき敵など存在するはずはない、というのである。その結果、天皇に弓をひいた足利兄弟に、戦火のくすぶる中、鎮魂の寺を建てさせることに成功したのであった。

この寺が天龍寺であり、亀山上皇の別荘を寺院に改め、夢窓自ら作庭にかかわったが、決して自らは住職の座にはすわらなかった。

天龍寺のある京の西方、嵯峨野《さがの》は古来、西方浄土、鎮魂の地として知られる。付近には数多くの天皇陵だけでなく、無縁仏を供養する化野念仏寺《あだしのねんぶつじ》などがある。

この地を後醍醐天皇の鎮魂の寺に決定したのは夢窓自身であった。しかし、ただ単に鎮魂の地として天龍寺の敷地がここに決定されたとは考えにくいのである。というのも、前に天皇崩御の際に夢窓が見た夢に触れたが、その夢通り、後醍醐天皇の亡骸《なきがら》は亀山に埋葬されたからに他ならない。ここで思い出してほしいのは、天龍寺庭園最大の特徴が池を中心として亀山を借景にしている点である。すなわち、夢窓は作庭家として後醍醐天皇が眠る亀山を借景にすることを念頭において、この地を選んだのではないだろうか。

前述の西芳寺庭園と同様、この天龍寺庭園にも本書冒頭で述べた死＝他界の概念が「鎮魂」としてふかく込められているのである。

## 天龍寺

*data*

### 成り立ち

後嵯峨天皇の亀山離宮があった1339（暦応2）年、足利尊氏が後醍醐天皇の冥福祈願のため、夢窓国師を開山として創建した臨済宗天龍寺派の大本山。

### 見 所

方丈裏の庭園（特別名勝）は夢窓国師の作庭で、往時の面影を今に伝えている。嵐山と亀山の借景を巧みに取り入れた回遊式庭園は貴族文化の伝統と禅文化の手法が溶け合い、四季折々の優美で独特の美しさを見せる。

### アクセス

京福嵐山本線「嵐山」駅下車すぐ
市バス「嵐山天龍寺前」下車すぐ
JR嵯峨野線「嵯峨嵐山」駅下車、徒歩10分

### 拝 観

8:30〜17:30（10月21日〜3月20日は8:30〜17:00、11月1日〜11月30日は7:30開門）

### 拝観料

一般500円、小・中学生300円（本堂拝観100円追加）

### 駐車場

あり（普通車100台、バス20台、料金／普通車1000円、バス1時間1000円）

### 問い合わせ

☎ 075-881-1235

### 所 在

京都市右京区嵯峨天龍寺芒ノ馬場町68

# 第二章　あの世を再現する

## 1 平等院

### 「末法の時代」と浄土式庭園

平安時代に栄華を極めた摂政・藤原道長《ふじわらのみちなが》の別荘をその子頼通《よりみち》が一〇五二年寺院に改めたのが平等院《びょうどういん》である。浄土《じょうど》式庭園の代表として建物から仏像にいたるまで、すべて国宝に指定されている。一九九六年には世界遺産に指定され、京都を代表する庭園の一つといってよい。特に鳳凰《ほうおう》堂は、左右の翼を広げて今にも飛び上がらんばかりの躍動感で見る者を圧倒する。

浄土式庭園とは平安時代に流行した様式で、浄土すなわち「あの世」を再現した庭である。仏教では、ブッダの死後、二千年の間はよいが、いよいよ二〇〇一年目からは、おそろしい末法《まっぽう》の時代になると考えられていた。平等院の造られた一〇五二年はまさに、その末法初年にあたる。末法の世においては、死後成仏《じょうぶつ》できなくなる不安の中から、あの世である浄土、中でも最も清らかな極楽《ごくらく》に往生することを願い、極楽浄土を再現した庭園が全国で盛んに造られるようになったわけである。

そのため、鳥羽離宮《とばりきゅう》や法住寺《ほうじゅうじ》、無量寿院《むりょうじゅいん》（すべて現存せず）、法金剛院《ほうこんごういん》（京都）、円成《えんじょう》

平等院鳳凰堂。「あの世」を再現するための数々の仕掛けが。

寺《じ》（奈良）、称名寺《しようみようじ》（神奈川県横浜市）、毛越寺《もうつうじ》、観自在王院《かんじざいおういん》（以上岩手県平泉）、白水阿弥陀堂《しらみずあみだどう》（福島県いわき市）など数多くの浄土式庭園が平安時代に集中的に造られた。しかし、当時のかたちをよく残す例としては、本書で取り上げる平等院と浄瑠璃寺《じようるりじ》等、わずかしかない。

### 藤原氏葬送の地

平等院のある宇治《うじ》川のほとりは、古来、貴族が晩年をすごす隠居地として知られ、『扶桑略記《ふそうりやっき》』の八八九年の条には、源融《みなもとのとおる》の別荘「宇治院」があったことが記されている。この宇治院は、九九九年に藤原道長のものとなり、その子頼通によって平等院に受け継がれたのである。

なぜ藤原氏に受け継がれてきたのかといえば、

宇治市北部の木幡《こはだ》周辺が、七九四年の平安遷都《せんと》以来、藤原一門の埋葬地であったことに関係する。つまり、埋葬の地の近くで晩年を心やすらかにすごす目的があったとみられる。現に、頼通は八十三まで生き、一〇七四年、この平等院で没すると、宇治の木幡に埋葬されたのであり、平等院の地は、藤原氏にとって往生極楽を願う場所として、まさにぴったりだったのである。西芳寺や天龍寺のみならず、平等院庭園もやはり他界と深く関係していることがわかる。

### 極楽浄土を立体で再現する

それでは、平等院を造るにあたり、作者は極楽浄土＝あの世をどのように再現しようとしたのだろうか。

平等院が寺になった翌一〇五三年には阿弥陀《あみだ》堂（鳳凰堂）が建てられた。鳳凰と呼ばれる鳥のかっこうをした神獣を模した建築で、翼に見立てた左右対称の翼廊《よくろう》と尾に見立てた尾廊《びろう》をもち、大屋根の両端に鳳凰の彫刻が飾られている。また、堂の内部には、死者を極楽浄土へ送り届けるという阿弥陀如来像が安置されている。

あの世を再現するために、なぜこのようなものを造ったのだろうか。極楽浄土を描いたものといわれる「当麻曼荼羅《たいままんだら》」という絵図がある。この図を見ると、中央に平等院の阿弥陀堂そっくりの建物とその中の阿弥陀如来が描かれていることがわかる。つまり、平等院はこの平面的な絵画を立体として極楽浄土を再現することを意図したのである。現在は古色をおびて、落ちついた雰囲気だが、解体修理の結果、建物の外部も内部もすべて極彩色が施されていたことが明らかになった。現在でも扉の裏や建物内部の壁などにわずかにその痕跡が認められる。極楽浄土は、やはり光り輝く極彩色でなければならなかったのだろう。地上最高の装飾、人間のそそぎうる最大の労力を結集したのである。

当麻曼荼羅図

当時最高の仏師・定朝《じょうちょう》作の阿弥陀如来像につれ添うように、五十一体の雲中供養菩薩《うんちゅうくようぼさつ》と呼ばれる群像が雲にのって壁面に飛んでいるが、阿弥陀堂の造形と共に浮遊感覚に充ち満ちている。人の臨終の瞬間、「南無阿弥陀仏《なむあみだぶつ》」（阿弥陀仏様よろしくお願いします）と唱えると数多くの菩薩をひきつれて迎えに来るという阿弥陀如来のイメージを浮遊感覚でリアルに表現しているのである。

## 「三途の川」と西方浄土

平等院庭園は、平安京から見て宇治川の対岸に位置している。よって平等院を訪れるためには、宇治川に架けられた朝妻橋《あさづまばし》、あるいは宇治橋を渡ってアクセスすることになる。実はこの行為自体、死者があの世へ行く途中で必ず渡る「三途の川」を渡ることに等しい。また、あの橋は東西方向に架けられ、平等院はその西にあり、阿弥陀如来は東向きである。これは、あの世が西にあるという西方浄土の考え方と合致している。これらの位置関係もまた、平等院庭園を極楽浄土に見立てようとすることを意図するものである。

『栄花《えいが》物語』によれば、藤原道長は自らの往生極楽のために、無量寿院《むりようじゆいん》と呼ばれる浄土式庭園を造り、一〇二七年、ここで臨終を迎えたが、この庭園は鴨川べりにあり、橋を渡って出入りしたという。やはり往生極楽の場所は、三途の川の対岸になければならなかったのである。ちなみに無量寿院には発掘結果から、平等院と瓜二つの阿弥陀堂があったことが、近年明らかになっている。

こうした傾向は、単に浄土式庭園に限ったことではなく、第一章で取り上げた西芳寺庭園にしても保津川（桂川）の対岸に渡月橋を渡って出入りするしくみであった。平等院庭園の場合、単に川の対岸にあるだけではなく、西方浄土を意識して東西軸にもこだわった点にその切実さがうかがえよう。

## 「この堂を造ったために地獄に堕ちる」

宇治川は戦争の際、京都の南の防衛線となる。しかも瀬田川《せたがわ》を経て琵琶湖《びわこ》に通じ、また桂川、淀《よど》川を経て京都や大坂、海にまで通ずる水上交通の要であった。

さらに大和街道が通る宇治橋は陸上交通の要であり、ひとたび事があれば、宇治橋を落とし、平等院内に兵が群集した。そのつど平等院は兵火に見舞われた。楠木正成《くすのきまさしげ》が平等院の建物を焼いたことは『太平記《たいへいき》』に詳しい。その結果、いま往年の姿を忍ぶことができるのは、阿弥陀堂と灯籠、阿字形池《あじがたいけ》と地形としての庭だけになってしまった。近年の発掘調査によって、創建当初の姿が明らかになりつつある。

例えば、現在より一メートルも地盤が低く、また阿弥陀堂前面が開かれ、宇治川や仏徳山《ぶっとくやま》、朝日山《あさひやま》を庭園から望むことができたという。仏徳山には宇治神社（国宝）があるが、平等院阿弥陀堂の軸線上に位置し、一対で計画的に配された可能性がある。東正面の山から朝日が昇るのをおがめたから朝日山というのも、おそらく平等院と無関係ではないだろう。当初は、金堂、講堂、五重塔、三重塔、東西法華堂《ほっけどう》、五大堂、宝蔵《ほうぞう》、釣殿《つりどの》、大門など大伽藍《がらん》を誇っていたのである。

これらの造営にかかわったのは、荘園の下層庶民たちであったという。平等院が造られた年代、単に末法突入の恐怖だけではなく、現実の大飢饉《ききん》という地獄が近畿周辺を襲っていた。米を収められないなら身体で払えとばかり、強制的に奉仕させられたのである。

『続古事談《しょくこじだん》』によれば、頼通が後見人に「平等院を造ってどんな徳が得られるのか」と聞くと、後見人は「餓鬼《がき》道の業などであろう」と答えたという。また、『沙石集《しゃせきしゅう》』によれば、平等院を訪れた僧は「この堂を造ったために地獄に堕ちるのは気の毒」というのである。

これらの様子から、造営にかかわった民衆がどんな状況におかれていたか、だいたい理解できる。餓死者や、樹木や石の下敷きとなって死んでいった民衆を顧みることなく、領主はただ藤原一族の往生極楽のみを祈っていたに違いない。実は雲中供養菩薩の修復中に、阿弥陀堂内に工事にかかわった労働者たちの落書きが多数発見された。苦悩で歪《ゆが》んだ庶民の顔、都大路を絶叫しながら跣《はだし》で逃げる貧民の姿。この建築の豪華絢爛さとはまさに正反対の地獄絵である。

平等院庭園を歩くと、藤原氏の往生極楽への願いとともに、こうした民衆の姿がふと心をよぎるのである。

## 平等院

*data*

**成り立ち**

風光明媚な宇治で藤原一族の栄華を今に伝える平等院は、平安後期の1052（永承7）年に、関白・藤原頼通が父・道長の別荘を寺に改めたのが始まり。

**見　所**

平安貴族が夢見た極楽浄土を形にした鳳凰堂（国宝）は10円玉の図案としてもお馴染み。その優美な姿はあまりにも有名。当初は広大な伽藍を誇ったが戦火で大半を焼失。現在残るのは鳳凰堂と観音堂（重要文化財）、鐘楼のみ。

**アクセス**

JR奈良線「宇治」駅下車、徒歩10分
京阪宇治線「宇治」駅下車、徒歩10分

**拝　観**

〈入園〉
3月〜11月 8:30〜17:30（12月〜2月は9:00〜16:30、入園受付 15分前まで）
〈平等院ミュージアム鳳翔館〉
3月〜11月 9:00〜17:00（16:45受付終了）
12月〜2月 9:00〜16:00（15:45受付終了）
〈鳳凰堂〉
本尊阿弥陀如来坐像修理のため、平成16年1月中旬〜平成17年8月末まで内部拝観は停止している。
※鳳凰堂外観は通常どおり拝観可

**拝観料**

大人600円
中・高生500円
小人300円
（鳳翔館入館含む）

**駐車場**

なし

**問い合わせ**

☎ 0774-21-2861

**所　在**

宇治市宇治蓮華116

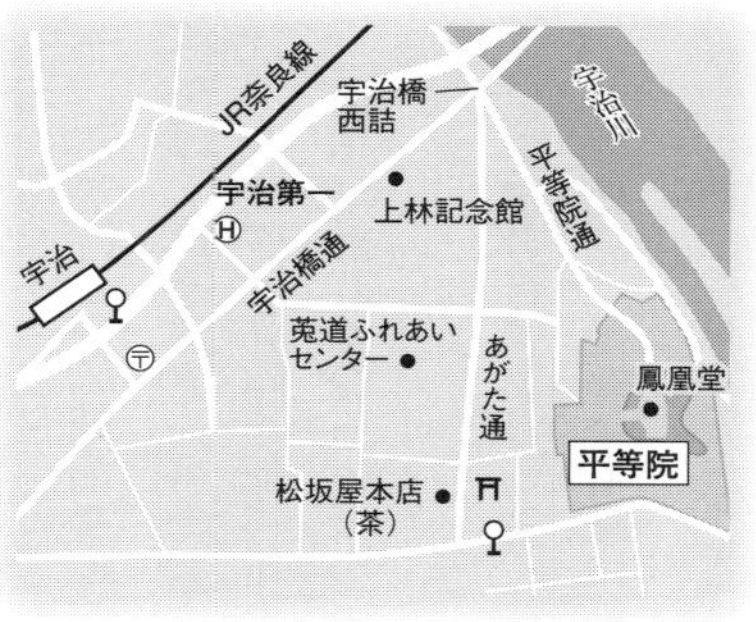

## 2　浄瑠璃寺

### 九つの阿弥陀如来像が横一列に並ぶ

平等院庭園とともに、阿弥陀堂と池が昔の姿を留めている貴重な浄土式庭園の一例が浄《じょう》瑠璃寺《るりじ》庭園である。平泉の毛越寺《もうつうじ》も著名だが、建物はなく遺跡に近い。

平等院庭園と浄瑠璃寺庭園の大きな違いは、阿弥陀の造りで、平等院が阿弥陀如来像を一体のみ有するのに対し、浄瑠璃寺では九体が横一列に並んでいる。そのため、現地では、「九体寺《くたいでら》」と呼ばれている。平安時代には、阿弥陀堂といえば、九体の阿弥陀を並べる方がポピュラーで、京都を中心に三十五箇所に及んでいたという。前項で触れた藤原道長の無量寿院もその一つであった。

なぜ九体なのかといえば、生前に行なった善行を仏教では九段階に分けており、迎えに行く阿弥陀如来が異なるためという。浄瑠璃寺の本堂は一一〇七年の建立、現存する唯一の九体阿弥陀堂として大変貴重である。

浄瑠璃寺庭園。「寄せ集め」に庭園の価値が見える。

## 平等院とは対極的な庭

浄瑠璃寺は、本来、西小田原寺と呼ばれたこの地方の豪族の氏寺であった。もとは病気に霊験あらたかな薬師如来をまつっていた。寺名は薬師如来《やくしにょらい》の浄土である浄瑠璃世界から名付けられたものである。末法の時代に入り、一一五七年、九体阿弥陀堂が現在の場所に移建されたという。また一一七八年には三重塔が移建され、今日の伽藍が整えられた。

平等院と同様の阿字形《あのじがた》の池は、もと荘園への灌漑用水源地であったといわれ、一一五〇年に関白藤原忠通《ただみち》の子で出家した恵信《えしん》が住職となり、現在の姿へ整えたものとみられる。このように見てくると、移建や転用を繰り返した寄せ集めのように見えるかもしれないが、実は、そこにこの庭園の価値があると思う。

というのは、京都の寺々が、いずれも有力貴族や権力と結びついて造られたのに対し、浄瑠璃寺はささやかではあるが、民衆の信仰による寄付によって造られたからである。そうした意味では、同じ浄土式庭園であっても、前の平等院とは対極的な立場にあるといってよい。そして、権力と結びつかなかったからこそ、戦火にもあわず、今日までよく守られたものといえよう。

こうした本来の民衆の信仰に支えられて造られた庭園だけに、権力の威圧感とか、絢爛豪華な虚飾は微塵もみられない。穏やかな汀線《ていせん》を描く池と簡素な阿弥陀堂、三重塔のどれか一つが突出することなく、極めて静かに調和している。唯一、池に浮かぶ中島の石組だけが尖っており、庭全体のアクセントとなっている。アクセントになっているだけでなく、阿弥陀堂と三重塔の軸線上にあり、全体の配置のまとめ役ともなっているのである。

九体阿弥陀堂は、九体の仏像ひとつひとつに扉がつけられており、これらの扉を開け放つと、仏像、建築、庭園が一体となってえもいわれぬ光景が造り出されるだろう。権威を離れた庭であるからこそ、この世に生き疲れた人々に深いやすらぎを与えてくれるのである。

## 浄瑠璃寺

*data*

**成り立ち**

浄瑠璃寺の記録は少なく、浄瑠璃寺伝によると1047（永承2）年、義明という上人が薬師如来を本尊とし、「一日で屋根を葺けた」というほどの小さな堂を建てたのが始まりとされる。60年後の1107（嘉承2）年、本尊の薬師如来像などを西堂へ移行したといわれる。

**見　所**

薬師仏とそれをまつる三重塔（国宝）、九体の阿弥陀如来坐像（国宝）とその本堂（国宝）、宝池（名勝・史跡）を中心とした庭園が平安時代のまま残っている貴重な寺。現存する九体仏はここのみ。九体とも檜の寄木造りで漆箔をほどこしてある。

**アクセス**

近畿日本鉄道「近鉄奈良」駅7番出口→奈良交通バス浄瑠璃寺前経由加茂駅行きで25分、「浄瑠璃寺前」下車すぐ

**問い合わせ**

☎ 0774-76-2390

**所　在**

相楽郡加茂町大字西小小字札場40

**拝　観**

9:00～17:00（12月～2月は10:00～16:00）

**拝観料**

境内無料（本堂拝観は300円）

**駐車場**

近くに駐車場あり

# 第三章　勝者と敗者のモニュメント

# 1　鹿苑寺（金閣寺）

## 最も成功した足利将軍

三代将軍足利義満《あしかがよしみつ》は一三九八年に北山殿《きたやまどの》を建立。のちに寺院へ改められたのが鹿苑寺《ろくおんじ》である。三階建ての金閣を中心とした池庭であることから、通称金閣寺と呼ばれている。

一三三八年、初代将軍足利尊氏《たかうじ》が京都に幕府を開いてから、一五七三年、十五代将軍足利義昭《よしあき》が織田信長に追放されるまでの約二百年間を室町時代という。

尊氏は後醍醐《ごだいご》天皇を追放して光明天皇を立てたため、両天皇が対立し南北朝時代を招き戦火が絶えなかった。しかし一三九二年、三代義満が南北朝の合体に成功、再び京に平和が訪れた。義満の優れた手腕はそれだけではなく、明との勘合《かんごう》貿易を行ない、巨万の富を手にしている。その財力を湯水のごとく注いで、京都室町の地に「花の御所」と呼ばれる豪華絢爛な居を構えて、権力をほしいままにした。室町時代という呼び名は、まさに義満の室町での輝かしい成功から名付けられたわけである。

一方、義満の成功は政治に限ったことではない。京都・北山の地へ北山殿を営み、多数の芸術家を重用し「北山文化」を生み出した。この北山殿こそが現在の金閣寺なのである。

金閣寺。絢爛豪華な美の裏には数奇な伝説がある。

### 剃髪も信仰も権力のため

北山殿の造営着手の二年前、義満はわずか三十八歳で剃髪《ていはつ》し出家しているが、それは信仰のための落飾ではなかった。太政大臣として権力の頂点に昇りつめ、さらに出家しても政権は握ったままなのだ。

明との貿易においては、「日本国王」と名乗り、晩年には天皇位まで欲し、現に一時的だが皇位を得たという。花の御所のみならず、後に金閣寺となる北山殿すらも「御所」と天皇の住居の呼び名で呼ばせている。そしてさらに、法皇となってすべての位の上に君臨したのである。武家に限らず、あまたの公家も義満に倣って出家する者が続出するていたらくであった。
息子・義持に将軍位は譲ったものの、未だ幼少であるがために、実権はあくまで義満が握り、法体《ほったい》という超俗の立場で政事を手に入れる隠れみのであった感が深い。

## 日本の権力者と「北」という方位

一三九七年、義満は西園寺家《さいおんじ》より土地を得て北山殿の造営に着手、翌年完成をみている。花の御所は息子・義持に与え、以後他界するまで北山殿を住居とした。ここで疑問となるのは、すでに贅《ぜい》をつくした花の御所があったのに、なぜあえて北山の地に移る必要があったのかという点である。

日本の権力者にとって、北という方位は特別な意味をもつ。例えば藤原京や平城京、平安京など、古代の首都は東西南北の方位に一致させた格子状の四角い配置をもっていた。なぜならば、皇居である大内裏は必ずその配置の真北に配す必要があったからに他ならない。

古代中国において、北極星は「天帝」と呼ばれ、宇宙全体の主宰者であると考えられた。そのため、皇帝の住居も必ず真北に配されたのである。日本にもそれが伝わり、真北を聖地と位置づける風習が定着した。例えば、一六一六年、江戸の真北の日光東照宮に祀られた徳

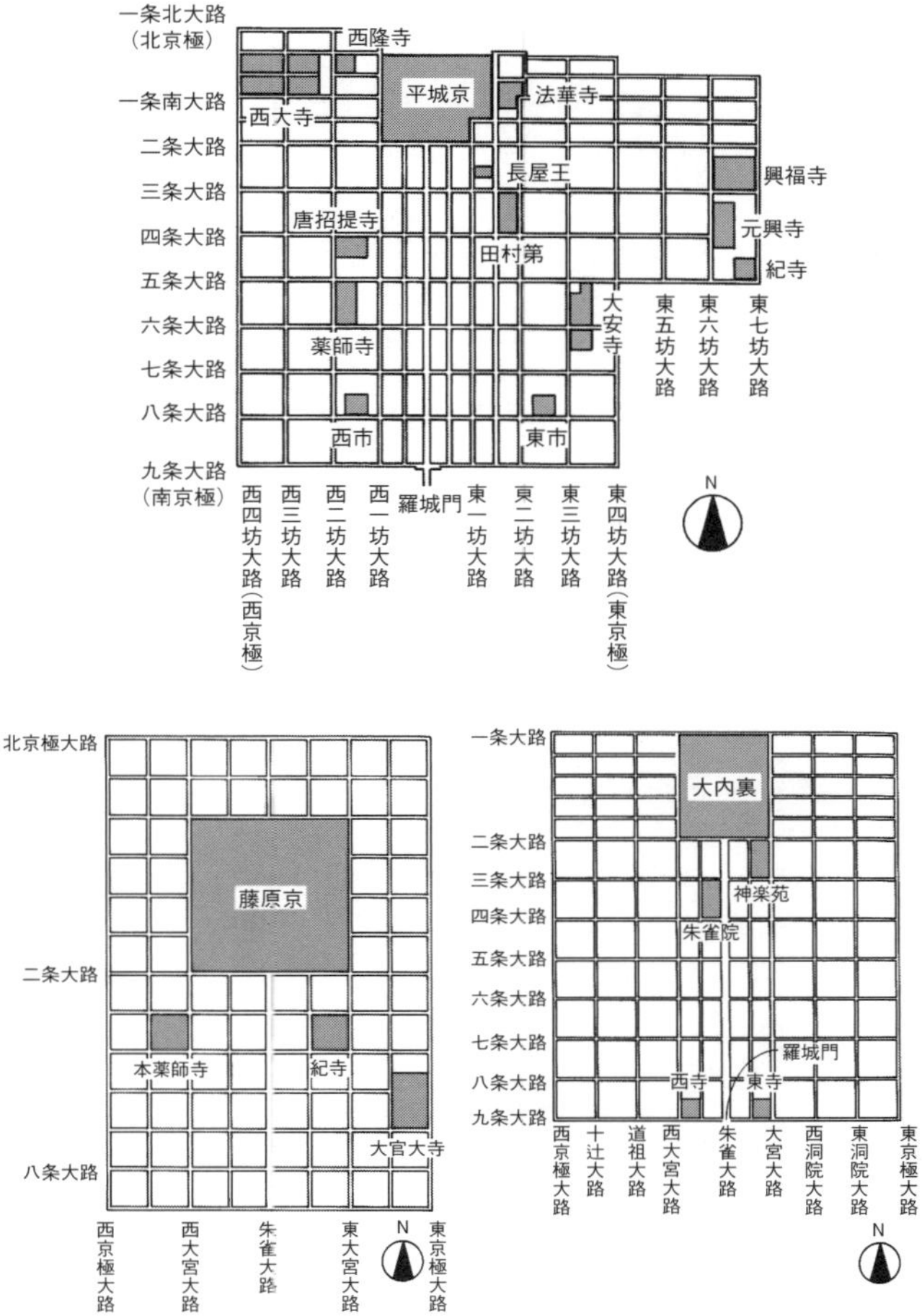


平城京（上）、平安京（右下）、藤原京（左下）。すべて四角の格子状に配置されている。

川家康がその代表であろう。

そして、足利将軍の中でも頂点を極めた義満の場合も、北山はその住居として最もふさわしい地であると考えたのではないだろうか。

## 「黄金をもってちりばめ美を尽し」

創建時の北山殿、現在の金閣寺は『相国寺塔供養記』によれば「西方極楽もかなふべからず」、あの平等院が再現しようとした極楽浄土もかなわないほどの絢爛豪華さであったという。また、「玉を敷き金をのべて、造り整へさせ給ふ」とも述べている。

『足利治乱記』によれば、天皇の行幸の際は、金銀の造花が庭にまき散らされたといわれる。また『春の夜の夢』には「唐や大和の珍しき材木を集め、色々の巧みを尽して営み、黄金をもってちりばめ美を尽し」とそのありさまを表現している。

『臥雲日件録《がうんにっけんろく》』によれば、護摩堂《ごまどう》、懺法堂《せんぽう》、紫宸殿《ししんでん》、公卿間《くぎょうのま》、舎利殿《しゃりでん》、天鏡閣《てんきょうかく》、泉殿《いずみどの》、看雪亭《かんせってい》などの建物が建ち並び「高くそびえたつ楼や閣、絵や彫刻で飾った建築が東西南北に碁石《ごいし》を並べ星を散らしたように配され、天上より降り、地中より湧き出たのか、まるで極楽浄土のようで、今に天下の語りぐさになっている」と絶讃している。

この中の舎利殿こそが、現在寺の別名にもなっている金閣であり、足利将軍として最も権勢を誇った義満の勝者としてのモニュメントといってよいだろう。三階建ての楼閣建築で、一階は法水院《ほうすいいん》、二階は潮音洞《ちょうおんどう》、三階は究竟頂《くっきょうちょう》と呼ばれている。二階、三階にのみ金箔が押されており、各階ごとに建築様式が異なる。

まず一階は貴族の住居形式である寝殿造り。二階は武家の住居形式である書院造り。そして三階は禅宗寺院の様式。将軍という武士の身でありながら天皇位を欲し、法体になった義満自身を表現して余りあるだろう。

当時の建物として、現在ゆかりのあるものは、この金閣をもって他にはない。というのは一四〇八年に義満が没すると、早速息子の義持は北山殿のほとんどを破壊した。晩年父が弟の義嗣ばかりを可愛がったための嫉妬《しっと》に他ならない。しかし金閣だけは壊すのがはばかられたに相違ない。

## 金閣炎上

金閣は義満のモニュメントとして、約五世紀の時空を越えて遺された。国宝に指定され、京都最大の観光名所として愛されてきた。しかし、一九五〇年七月二日午前三時七分、心ない者の仕業によってまたたく間に炎上した。日本中が衝撃をもってこの事件を受けとめたのである。炎上と共に金閣寺の二十二歳の学生僧・林養賢《はやしようけん》が失踪、山狩りの結果、自殺未遂で発見される。放火を認め、養賢の母は罪の重さに耐えかね、列車から川に身を投じ自殺した。なぜ放火したかについて警察が問いつめたところ、「美への嫉妬」であったという。三島由紀夫の小説『金閣寺』や水上勉の小説『金閣炎上』、市川崑監督の映画『炎上』等に取り上げられ、同様に犯人がその美しさに魅せられて焼いたという解釈を示した。

なお、現在の金閣は、一九五五年に再建されたもので、明治時代の実測図を礎に正確に復元されたものである。材木そのものこそ異なるものの、姿かたちは全く同じである。しかも江戸時代に改造された箇所を創建時の姿に戻すなど、より原形に近く、再建に対するマイナスイメージはほとんどないといってよいだろう。再建されたことを我々は素直に喜ぶべきだろう。

見所はもともと金閣一つに限られたわけではなく、庭園内の地形や植栽、石組などに義満時代の面影を彷彿とさせるものが多々あり、こまめに足を運んで眺め歩いても見飽きることがない。金閣炎上は、この庭に大打撃を与えたというよりもむしろ、数奇なこの庭に、新たな伝説が加えられただけだと考えたい。

## 世阿弥「夢幻能」のメッセージ

義満が造り上げた北山文化は、なにも金閣寺だけではない。能に関しても大きな足跡を残した。能の完成者として、つとに有名なのが世阿弥《ぜあみ》であり、この世阿弥の継承者が今に続く観世《かんぜ》流である。賤民階級にあった世阿弥を重用し、能楽を大成させた人物こそが義満であった。

しかし、義満の没後、義持は父への嫉妬から北山殿を壊すのと同時に、父の重用した世阿弥にも制裁を加えた。演能の機会が得られなくなっただけではなく、遂には島流しにされてしまったのであった。こうした中で世阿弥は、もっぱら作品作りに没頭した。ちょうど世阿弥のこの逆境期に生み出された作品の多くが「夢幻能《むげんのう》」と呼ばれるものであり、死者やもののけ（シテ）が無念の気持ちを語り、それを時宗の旅の僧侶（ワキ）が聞いてやるという鎮魂のストーリーとなっている。果して世阿弥はどんな心境でこういった作品群をつくったのだろうか。

能を舞う能舞台に、橋掛りと呼ばれる廊下が造られるようになったのも世阿弥の逆境期であるといわれる。この橋を渡って死者やもののけは舞台へ上がるのであり、前章でも繰返し述べたように、やはり橋は、三途の川に架かるこの世とあの世の結界なのである。

義満が北山殿を造営した時期も、都は内戦や飢饉、疫病が絶えなかった。街は地獄絵と化していたが、幕府は死体を放置したままなのだ。義満は法体となった後も、こうした事実とは全く無関係に生きていた。ついには北山殿金閣の造営に着手、黄金をもってちりばめ美を尽したわけである。

世阿弥は、この義満に死者の無念をテーマにした草創期の夢幻能を繰返し見せ続けた。そして逆境に入ると、もっぱら夢幻能ばかりをつくった。これは後継ぎ義持を意識してのごとくではないか。底辺社会のために心を尽した時宗の僧とかかわりの深い阿弥衆として、都の地獄を顧みない将軍へのメッセージとして夢幻能は生み出されたのではないだろうか。

金閣寺の鏡湖池が日没と共に闇に沈むとき、無数の亡霊が飛びかう気配を感じるのは私だけだろうか。プロローグで触れた通り、金閣寺庭園にも「あの世」「滅び」が見え隠れしているのである。

## 鹿苑寺（金閣寺）

*data*

**成り立ち**

1397（応永4）年、将軍職を義持に譲った足利3代将軍義満が西園寺家の山荘を譲り受け、義満の死後、その子義持により禅刹に改められ、義満の法号にちなんで「鹿苑寺」と名付けられた。

**見　所**

北山文化の象徴として国内外に知られる名刹。鏡湖池に臨む三層の楼閣の金閣は、初層は寝殿造りの「法水院」、二層目は武家造りの「潮音洞」、三層目は中国風禅宗仏殿造りの「究竟頂」となっており、二層と三層にのみ金箔が押されている。

**アクセス**

市バス「金閣寺前」下車すぐ

**所　在**

京都市北区金閣寺町 1

**拝　観**

9:00～17:00

**拝観料**

一般400円
小・中学生300円

**駐車場**

あり

**問い合わせ**

☎ 075-461-0013

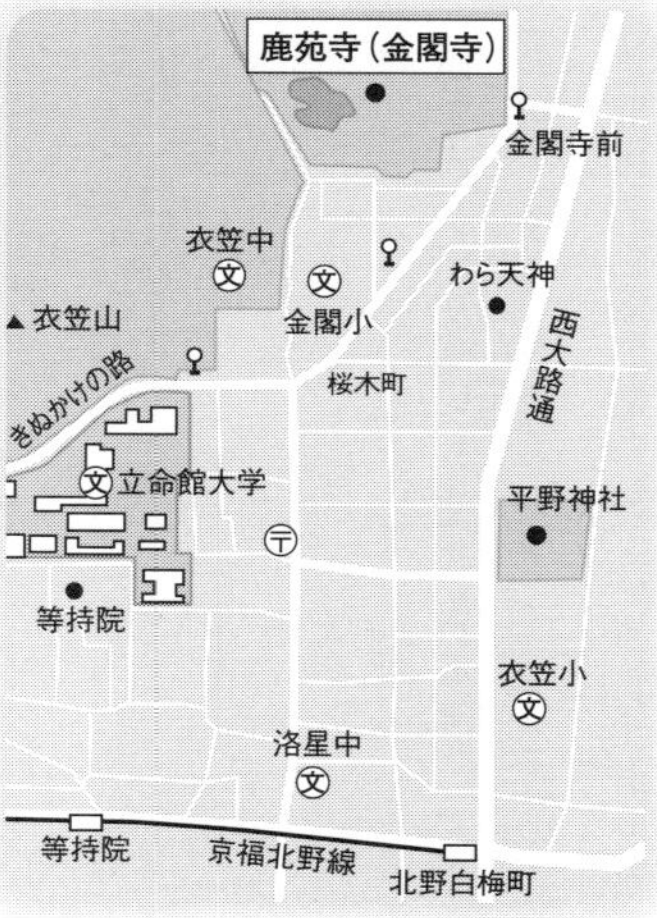

## 2　慈照寺（銀閣寺）

### 斜陽の将軍・足利義政の和歌

金閣寺を造営した足利義満の孫にあたるのが八代将軍足利義政《あしかがよしまさ》である。慈照寺《じしょうじ》庭園、通称銀閣寺は一四九〇年、この義政によって造られた。

義政が銀閣寺庭園で詠んだ次の和歌がある。

くやしくぞ過ぎしうき世を今日ぞ思ふ
　心くまなき月をながめて

「くやしくぞ」で始まる上の句は、和歌史上、ほとんど例がない。現実に打ち勝つことができず、月に逃避した彼のくやしさが、まさにこの句に言い尽されているといってよい。義満が最盛期の将軍だとしたら、義政は斜陽の将軍と呼ぶのにふさわしい。一四四九年、義政はわずか十四歳で将軍職を継ぐが、その出発は始めから苦渋に満ちたものであった。未だ幼少の将軍にかわって乳母《うば》や家臣が義政を補佐するという名目で政治を独占したのである。また、将軍になると同時に、日野富子《ひのとみこ》と結婚したが、これが義政の立場をさらに悪化させることになる。

そうした中で、義政自身はさまざまな慣習を順調だった義満時代に戻そうと努力したが、それらはすべて裏目に出てしまう。最もいけなかったのは、新手の徳政令《とくせいれい》を出したことと主要街道の七箇所に関所を設けて厳しく関銭を徴収したことであろう。

各地で土一揆《どいっき》や一向一揆《いっこういっき》、徳政一揆《とくせいいっき》などが次々に起こり、商人の倉や高利貸の金倉が襲われ、街は無法地帯と化した。いじけた義政は、完成したばかりの巨大な将軍邸を、今度は義満の花の御所殿跡へ全て移し直したいと言い出し、周囲を途方にくれさせている。

義政はこの頃、次のような和歌を詠んでいる。

さまざまの事のふれつつ歎くぞや
　道さだかにも治めえぬ身を

政道を治めえぬのを嘆いているのである。彼の絶望がひしひしと伝わってくるような歌である。また、この頃まで「義成」と名乗っていたが、政道の政を用いて「義政」と改名した。それほどに追いつめられていたことがわかる。そして三十歳になった義政は、ついに将軍職を三歳年少の弟、義視《よしみ》に譲ろうとする。政道からの逃避であった。

ところが、妻・富子が義政の跡継ぎ・義尚を出産。当然富子は息子を将軍にしたい。義視と義尚の対立が、京都を焼土と化した十一年に及ぶ骨肉の争いへと発展する。これが世にいう応仁の乱である。そしてさらに、応仁の乱が引き金となって、戦国時代へと突入することになる。将軍として、家長としての責任と自覚、そして能力に欠けた義政が日本史上最悪の百数十年におよぶ戦乱を引き起こしたといっても過言ではないのだ。

## 餓死者を横目に花見に興じる

一四六一年、義政の夢枕に亡き父が立ち、「飢餓に苦しむ乞食たちに施しをせよ」と語ったという。というのも、一四五九年頃から京都は大飢饉の真っただ中にあった。『碧山日録《へきざんにちろく》』によれば、一四六〇年は一、二ケ月で約八万二千人の餓死者があったという。京都中に死体が散乱し、飢えた者がそれらを貪《むさぼ》り、また鴨川の四条大橋に流れついた死体が、流れをせきとめて洪水を起こしたこと等、同記録は当時の惨状を赤裸々に伝えている。

僧・願阿弥《がんあみ》が八万四千本の卒塔婆《そとば》を作り、放置された遺体の上へ一つずつ置いていったところ、二千本を残すのみであるとも記されている。民衆の救済は、一僧侶の努力にかかっており、義政は全く顧みることはなかったのである。

この天変地異の中、幕府の役人はどうしていたのか。『碧山日録』には、餓死した子供を抱いた母親を役人は税を求めて少しも許さないと記されている。また、将軍の花見に同行する役人についても、酔って剣を抜き、飲んだ酒を嘔吐する光景を生々しく描写している。これが役人たちの動向である。願阿弥の救済と役人の醜態。ここに聖と俗の明快な対比があらわになる。

それでは、義政は餓死者が群れるのを横目にいったいなにをしていたのか。京都が最も地獄の様相を呈していたといわれる一四五九年や応仁の乱前後ですら、花見に興じていた。西芳寺を訪れた際には、道中戦火で焼けただれた民家や、無数のむくろを目撃し、さすがに少し反省するかのような言葉をつぶやいたという。

しかし『蔭涼軒日録《いんりようけんにちろく》』によれば、東山の花見の時、義政は次の句を詠んだ。

さきみちて花より外の色もなし

都の惨状に対し、花の他には見るものがない、と不快をあらわにしたのである。しかも「皆倦む」「人皆労れ倦む」と同記録にはあって、連日の花見に同行する者は、すっかり飽きてしまうというていたらくであった。これをたかが政道に悩む将軍の孤独として、もはや捨て置くことはできない。将軍に直言できるのは、天皇をおいて他にはない。『長禄寛正記《ちようろくかんせいき》』によれば、後花園《ごはなぞの》天皇は次の意味の漢詩を義政に送りつけたという。

生き残った民は争って首陽山のわらびを採り、いたる所、家々は垣根を閉ざし竹扉も閉ざしている。詩を興じようとして辛酸を味わうこの春二月、都に満ちる花の紅も緑も誰の為にあるのか。

生き残りの人々が草を喰って飢えをしのぎ、家を閉ざして喪に服しているのに、春二月に詩を興じてどうして楽しいのか。都に満ちる花や木は、いったい誰の為にあるのか、少しは考えてみよ、と天皇はさとしたのである。しかし、この天皇の痛烈な批判すら、義政には届くことはなかった。ついには、あの銀閣の壮絶な造営へと暴走していくのである。

## 逃避としての作庭

大飢饉と応仁の乱によって、京都は史上最悪の地獄絵を呈した。将軍は無力化し、幕府衰退の一途をたどった。一揆が多発、「下剋上《げこくじょう》」という言葉が生まれ、そのまま百年以上に及ぶ戦国時代へ突入してしまうのである。

妻・富子と息子・義尚、そして弟の義視。これら近親者によって引き起こされた骨肉の争いの中の一四七三年、義政は義視との約束を反古にして、将軍職を義尚に譲った。そして翌年、妻子の住む室町殿を逃げ出し、新築した小川殿《こかわどの》へひとり移ってしまったのである。ところが、一四七六年、避難という名目で妻と子が小川殿へ後を追ってやって来てしまう。また後土御門《ごつちみかど》天皇までが、小川殿へ同様に身をよせる始末。一四八一年、義政は密かに小川殿を脱出、今度は聖護院殿《しょうごいんどの》への逃亡をはかった。すぐさま、帰宅するよう天皇の命令が下ったにもかかわらず、義政は戻らない。

将軍職も、妻子も、兵火も、民衆の苦しみも、一切ほうり出して、絶命に至るまでの八年間、義政が残るすべての情熱を傾けたのが、あの銀閣寺、東山殿《ひがしやまどの》の造営であった。

## 墓地を無断で敷地にする

義政は、銀閣寺造営の十七年前の一四六五年、すでに自らの庭園のための候補地を物色している。ちょうどあの「花より外の色もなし」と彼が詠んだ年であった。しかし、応仁の乱が十一年にも及んだため、さすがに作庭は延期せざるをえなかった。戦乱が一四八〇年におさまると、再び各地に土地を求めて訪ね歩く日々が続いている。ここに彼の執念を感じないわけにはいかない。そして翌一四八一年、義政は東山のとある土地と運命的な出会いを果たすことになった。この土地こそが、銀閣寺庭園が営まれた場所である。

ただし、この地を庭園の敷地にするには、余りにも困難な問題があった。なんとこの土地は、延暦寺の末寺、浄土寺の墓地だったのである。

銀閣寺の傍らを流れる白川流域には奈良時代、北白川寺があった。また東に霊鑑寺《れいかんじ》、法然院《ほうねんいん》、南に真如堂《しんにょどう》、黒谷《くろだに》・金戒光明寺《こんかいこうみょうじ》などの古寺がある。さらに平安時代には数多くの天皇陵、そして日本初の火葬場が設けられていた。すなわちこのあたり一帯は古来、葬送の場所として位置づけられてきたことがわかる。そもそも浄土寺の「浄土」という言葉がそれを物語っているのである。

一九六四年の銀閣寺東求堂の解体修理の際、約二十センチ下の焼土から人骨とともに庭石や排水路が出土し、この地が浄土寺墓地跡であることが裏付けられた。銀閣寺前の浄土院の本尊は、この浄土寺の本尊を祀ったものであるし、またその北の八神社《はちじんじゃ》はもと浄土寺の鎮守・十禅寺社《じゅうぜんじしゃ》であった。

義政は、この禁断の墓地に魅了され、恐るべきことに無断でこの地へ作庭を施したのである。『蔭涼軒日録』によれば、浄土寺の本山・延暦寺は、この義政の狂気ともとれる行為に対し、「浄土寺は天下無双であるのに、墓をこぼち山荘を造るとは、仏罰に値する」と義政の後継ぎ・将軍義尚に強く抗議したという。また『大乗院寺社雑事記』によれば、「この土地は延暦寺門跡恵亮和尚の旧跡であり、古くからゆかりがある所なのに、女性を住居せしめるとは仏法の衰微末代の至りである」と強烈に批判している。

ここで疑問となるのは、当然批判を受けるはずなのに、義政がなぜあえて墓地を作庭の敷地に選んだのか、という点であろう。第一章で触れた通り、義政は西芳寺庭園を最も愛していた。銀閣寺は西芳寺を模して造られたのだが、西芳寺庭園こそが、無縁仏の亡骸を供養した「穢土寺」と、あの世である「西方浄土」を意図する「西方寺」の地に作庭されたことを思い出してほしい。

義政もそうした西芳寺の由来を知った上で、それを模して銀閣寺を造ったはずである。あえて墓地を敷地に選んだのも、おそらく西芳寺と同じ立地条件を望んだからに他ならない。「墓をこぼち山荘を造営する」という「仏罰に値する」行為について義政はまさに「確信犯」であったといえるだろう。

## 金がなければ身体で支払え

一四八二年、義政はついに銀閣寺・東山殿の造営に着手する。その命つきるまで、八年の歳月をかけて全精力を一庭園のために注ぎ込んだ。当然造営には、多額の費用と人夫を必要としたはずである。いったいその財源や労働力はどこに求められたのか。

第一に費用。幕府は、大名と寺社と農民にそれぞれ「御山荘御要脚《おさんそうごようきゃく》」「要脚段銭《ようきゃくだんせん》」「御普請料《ごふしんりょう》」と呼ばれる銀閣寺造営のための臨時税を課している。最初は臨時税の予定であったが、造営の長期化から毎年課されるようになった。

第二に労働力。戦乱と大飢饉の中、税が集まらなくなると、幕府は税だけではなく、直接労働力となる「人夫」の徴用を寺社に要求した。金がなければ身体で支払えというのである。一四八三年の東寺《とうじ》(教王護国寺《きょうおうごこくじ》)の例をあげると、銀閣寺造営のために七百六十名もの人夫を集めなければならなかった。そのほとんどが東寺の荘園の飢えた農民であり、銀閣寺庭園の樹木や石、木材の運搬を担当、下敷となって没する者も少なくなかった。

戦火と大飢饉の中での、税取り立てと人夫徴用によって、一四八五年、ついに民衆は立ち上がる。これが有名な山城国一揆《やましろのくにいっき》である。しかし、義政はそれを知ってか知らずか、何事もなかったかのように造営中の銀閣寺に移り住み、何かに取り憑かれたように作庭へとのめり込んでいったのである。

## 壮絶な掠奪による造営

義政は『蔭涼軒日録』などの記録で見る限り、終始花を愛で、草木や石を愛していたことがわかる。しかも単なる庭好きというよりも、作庭家といってよいほどの知識と経験を身につけていたことが明らかである。彼は自らが発端をつくった応仁の乱によって大打撃を受けた数多くの庭園を丹念に見て廻り、修復について具体的なアドバイスを与えたりしている。そして、自らの庭作りに際し、その知識と経験を惜しげもなく注ぎ込んだ。そして、自らの庭園造営にあたり、義政がその価値を十分に理解していた京都周辺の最も優れた石や植木を掠奪し、銀閣寺へ運ばせたのであった。その壮絶な掠奪行為は、前述の『蔭涼軒日録』に詳細を極めている。壮絶な事実の羅列から、以下いくつか拾ってみよう。

一四八四年には、義政が愛した夢窓国師の作庭になる京都の等持院から大量の松を没収、銀閣寺に移植した。その運搬にあたり、等持院の建物の廊下と壁を破壊している。

また、一四八六年には奈良の長谷寺より無数のヒノキを掠奪し、建築材に用いている。長谷寺の記録には「迷惑事也」と述べられている。さらに京都の大寺院・東寺（教王護国寺）からもハスを大量に徴発、ハス池の名所がただの池になってしまった。その他、義政の祖父・義満の造ったあの金閣寺までが犠牲になり、義政一流の鑑賞眼で選ばれた庭石十個が銀閣寺へ運ばれた。

翌一四八七年には、よほど義政の好みにあったのだろう、再び長谷寺からヒノキを没収している。また、驚くべきは天皇の隠居所である仙洞御所《せんとうごしよ》や、室町幕府の名の発祥となった室町殿や、息子義尚の暮らす小川殿からも義政の目にかなった石だけ抜き取られている。しかも室町殿からは二度にわたり石を掠奪し、二度目の石はかなり大きなものであったらしく、三百人の徴用された人夫によって運ばれ、数名が石の下敷となって死んだという。

一四八八年には、義政の好みによって再び天皇の隠居所・仙洞御所から徴発、今度は松だけを二回に分けて運び、それぞれ千人、三千人の民衆から徴用された人夫によって行なわれ、やはり数名の人夫がその重さの犠牲者となっている。

義政は最も愛した西芳寺庭園から掠奪を全く行なっていない。しかし、あれほど憧れた祖父義満の遺した金閣寺からは、繰返し掠奪をはかった。しかも義政は銀閣の造営の一四八八年、なんと金閣二階に安置された仏像を銀閣に運び、自らの寺の本尊としたのである。若き将軍時代の義政の、義満の栄華への憧れは、政治に挫折した晩年の彼にとって、嫉妬となって掠奪に走らせたのかもしれない。

翌一四八九年には、京都の大乗院から梅二本と松、また再び室町殿から松三本、奈良の西南院からは松一本、一乗院からも松一本を、すべて義政の意にかなった樹齢百年以上の傑出したものだけを選んで掠奪した。中でも室町殿の松はかなり大きなものであったらしく、四、五千人の人夫を徴用して運搬したという。大乗院はそれについて「大儀是非もなきものなり」と不満を記している。

こうして、京都、奈良の名木、名石を奪い尽くし、移し集めた結果、「実に西方浄土と言うべし」(『蔭涼軒日録』)といった光り輝く風景が生み出された。

銀閣寺には建設中の観音殿（銀閣）の他、超然亭《ちょうねんてい》、東求堂《とうぐどう》、西指庵《せいしあん》、弄清亭、夜泊船、漱蘚亭、釣秋亭、龍背橋、会所、御末《おすえ》、台所、総門などが所狭しと建ち並び、現在の規模とは全く比較にならない広大さを誇っていた。

臨時税、人夫徴用、そして掠奪。情け容赦ない修羅の態度で義政が造営した銀閣寺は、死臭漂う焼け野原と化した京都の中で、唯一絢爛たる別世界を構築することにまんまと成功したのである。これを「悪の華」と呼ばずして何と呼べようか。

## 因果応報の結末

現在、慈照寺、通称銀閣寺に残る義政時代の建物は、わずかに銀閣と東求堂の二つに過ぎない。それは、義政が東山殿の造営のために行なった所業のまさに「因果応報」としかいいようがないのである。ひとことでいえば、義政が掠奪したものを、持ち主が彼の死後取り返しにきたのであった。

例えば一四九一年には、将軍足利義稙《よしたね》の命を取りつけた大智院が義政に掠奪された材木を取り返そうと銀閣寺の材木置場を点検した。するとわずかに垂木十五本を残すのみであったため、慈照寺の建物、おそらく常御殿がかわりに破壊されて部材が持ち去られたのであった。また、一五一五年には、三条西実隆が銀閣寺の会所の障壁画を内裏に運んで鑑賞している。一五五二年には蜷川親俊が銀閣寺のめぼしい庭石をすべて引き移している。その他、さまざまなかたちで、銀閣寺の破壊が行なわれたのである。

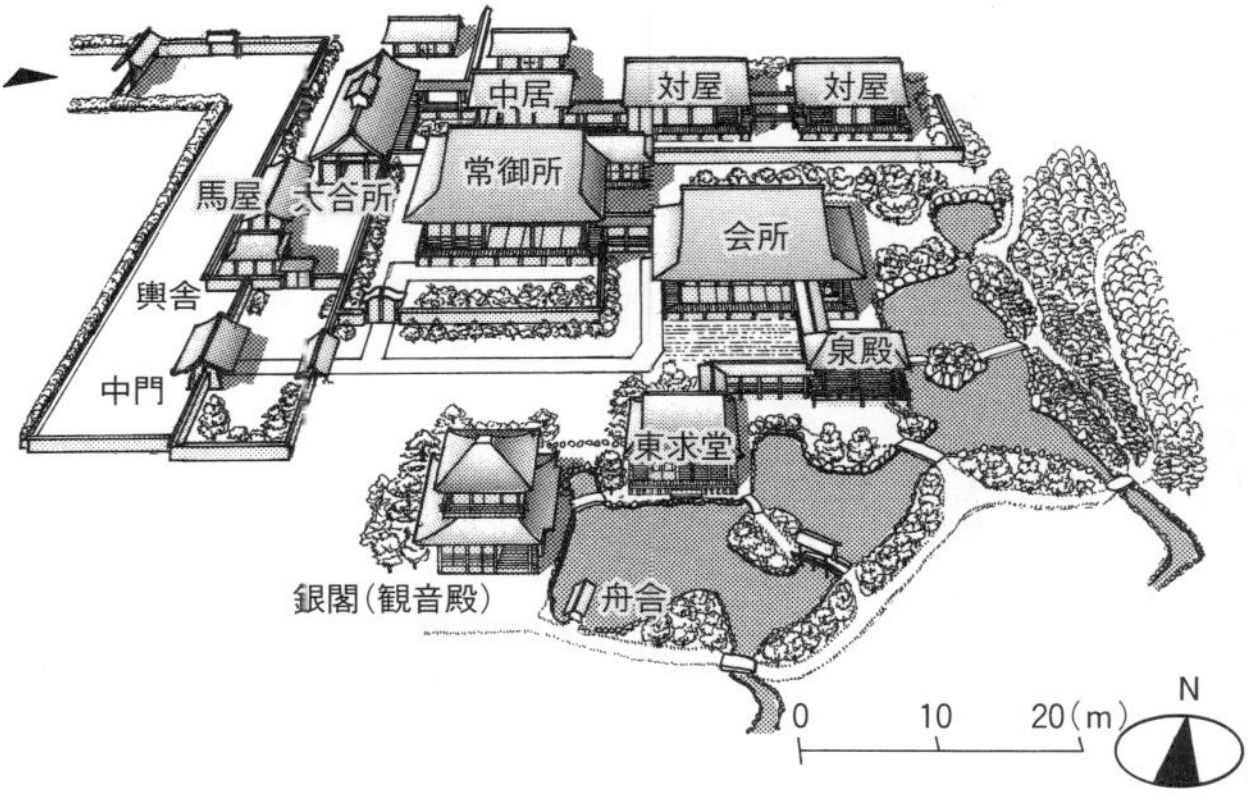


東山殿復元図（中西立太氏作図をもとに作図）

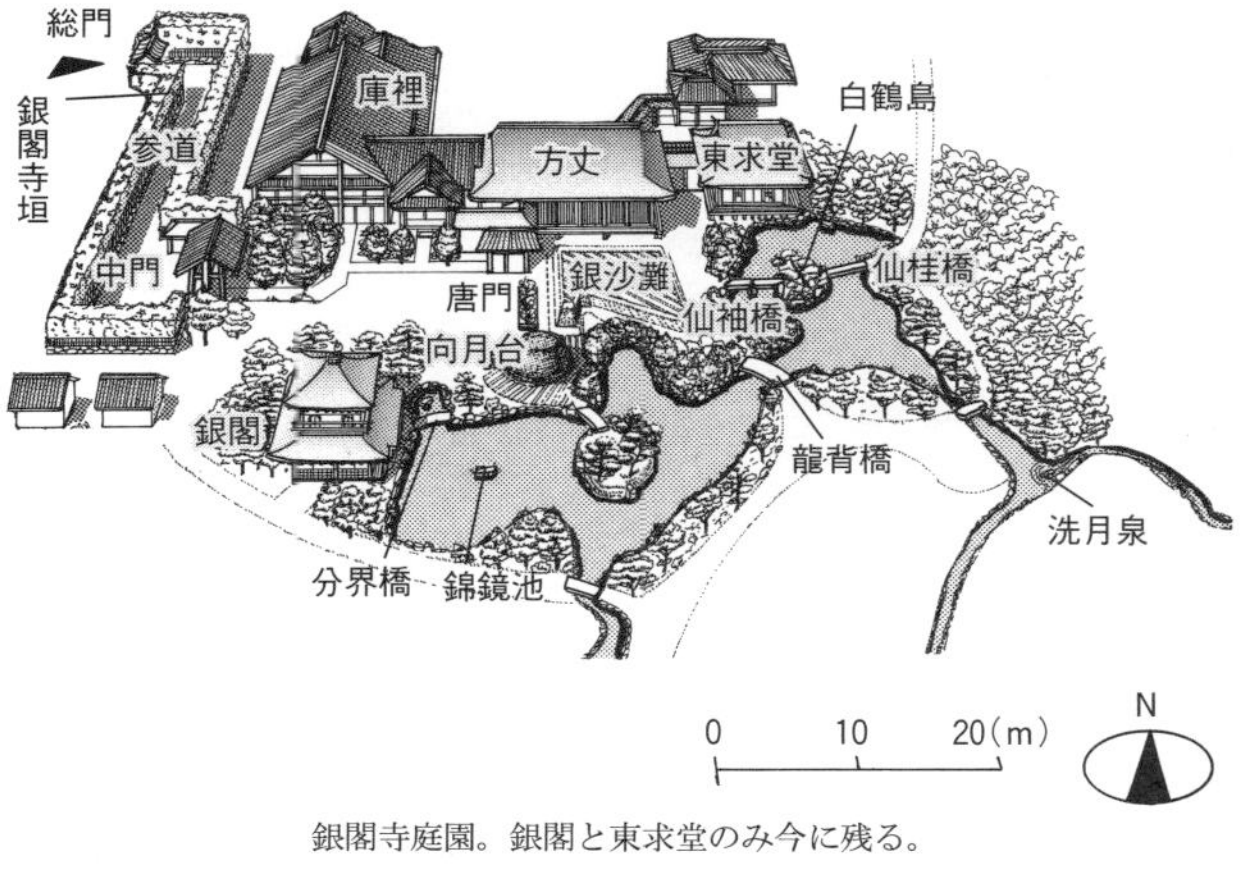


銀閣寺庭園。銀閣と東求堂のみ今に残る。

さらに一五五八年には、銀閣寺一帯が戦場となり、残されていた建物も大部分は焼失してしまう。一五六九年には、織田信長までが銀閣寺の須弥山を表したという有名な九山八海石を他へ運び去っている。ちなみに九山八海石は、その後転々として現在金閣寺の池中に浮石として残されている。

その翌年の一五七〇年、興福寺の僧・英俊は、銀閣寺を目撃し「東山殿の御旧跡名のみ、あばらやの民の家にまじりて一宇見へる」と日記に述べている。あばら屋に混じって建っていた一宇の建物とは、おそらく銀閣であったに違いない。義政の執念の込もったこの建物を誰もこわす勇気がなかったのだろう。

とにかく、義政の死後、八十年にしてすでに銀閣寺は奪いつくされ、破壊しつくされていたのである。ここに庭園の本質「滅び」を感じないわけにはいかない。

## 庭園内外部にみられる人工的造形

義政が逝ってから、足利家は衰亡の一途をたどる。代々の将軍たちは、放浪したり暗殺されたり、名ばかりの存在となっていく。そして十五代義昭に至り、信長に追放され哀れな室町幕府はつゆと消えてしまったのである。

それでは銀閣寺はどうか。

長い間、廃墟と化していたが、一五八五年より一六一二年の二十七年間にわたり、前太政大臣近衛前久《このえさきひさ》が慈照寺を自らの邸宅として住んだために、この時改造を加えられたことは想像に難くない。また一六一五年、宮城丹波守豊盛《みやぎたんばのかみとよもり》が再建工事に着手、ついに慈照寺は復活のチャンスを得たのである。『鹿苑日録』によれば「梵宇一新、新奇可観」とあり、庭や諸堂が一新され、新奇な景観であったという。さらに一六三九年には、豊盛の孫・豊嗣がさらに改造を施し、その際現在の参道が造営されたという。

現在の慈照寺を訪れ、まず驚かされるのが、この参道である。総門から中門に最短距離でアクセスすべきところをあえて長い道を歩かせるのである。総門を潜ると参道は右に直角に屈曲し、さらに進むと今度は左へ直角に折れ曲がる。しかも参道左右は人工的に四角く刈込まれた生垣で遮断されており、遠近感を強調するヴィスタの手法が使われている。

こうした人工的造形は庭園内部にもみられ、砂を四十五度の角度で波状に整形したり、また円柱状に造形している。また、「仙草壇《せんそうだん》」と呼ばれる花壇が存在しているのである。これらの砂の人工化や花壇は、江戸中期の「都林泉名勝図会《みやこりんせんめいしょうずえ》」にも描かれており、宮城豊盛による再建の際の新奇な景観とはこれらを指すといってよいだろう。

## 義政の果せなかった夢の実現

宮城一族による再建によって、焼け残った東求堂と観音殿に加え、方丈、庫裡が新たに造られた。その頃慈照寺は、例の穢土と浄土を表した二段構成は失われ、上段は土砂に埋まり、穢土である下段だけが文字通り地獄のような廃墟の様相を呈していた。

ところが昭和に入り、住職の菅憲宗《すがけんしゅう》師の一大事業として、上段の枯山水を一部発掘し、二段構成であったことが証明されたのである。しかし、上段の大部分は未だ手つかずであり、西指庵も漱蘚亭も超然亭も、美しい月待山の下で沈黙を保ったままなのだ。

実のところ、慈照寺の観音殿は、当初から銀閣と呼ばれていたわけではない。義政生前の東山殿時代、その後慈照寺となって荒廃していた頃に観音殿が銀閣と呼ばれたことは一度もなかったし、ましてや寺の通称を銀閣寺と呼んだこともなかった。ちなみに、鹿苑寺金閣の方は義政時代にすでに金閣と呼ばれていた。

現在の通説では、金閣が三層の内の上二層に金箔が施されているのに対し、銀閣は義政の死によって未完成に終わったため銀箔を施すことがなかったとか、あるいは当初から銀箔を押す予定はなかった等といわれている。それでは銀箔が施されていないにかかわらず、銀閣と呼ばれるようになったのはなぜだろうか。銀閣の名称の初見は、一六三九年の再建の直後、一六五八年刊行の『洛陽名所集』であり、以後さまざまな記録に銀閣あるいは銀閣寺の名があらわれる。いいかえれば再建以前は全く銀閣と呼ばれたことがなく、再建後、突然銀閣と呼ばれるようになったことになる。果して再建時、銀箔を施したために以後銀閣と呼ばれるようになったのだろうか。

箔を押したり、彩色や漆を施す際、必ず下地に胡粉《ごふん》という白い塗料を施す。現在の銀閣を見ると、天井や床には胡粉の跡がなく、素木《しらき》であったことがわかる。また壁は縦の嵌板であり、箔を押すことは不可能である。壁を観察すると、胡粉の他、漆の跡が残っており、どうやら金閣二階の壁と同様、漆塗りであったことが判明する。それでは、やはり銀箔を施した可能性は皆無なのだろうか。

ここで注目したいのは、軒下である。庇の裏に胡粉が施されつつも漆の跡が見あたらない。また庇の裏に彩色を施すことはありえない。庇裏の胡粉の成分を検査した結果、やはり銀が検出されたのである。よって目下の所、軒下に銀箔を施した可能性が高いと考えている。それでは、なぜ軒下にのみ銀箔を施す必要があったのだろうか。一言でいえば、銀沙灘や池に反射した月光を、さらに軒下に反射させて室内にもたらすための仕掛けであったと推測して

銀閣寺の銀沙灘。月光が反射して銀閣を映し出す。

いる。

銀閣の東正面には、その名の通り月の出を待つための月待山があるが、江戸時代の再建の際、両者の軸線上に「洗月泉」と呼ばれる滝が造られている。つまり江戸時代の造営において、観月の楼閣である銀閣の性格がことさら強調されたふしがある。それは「向月台」という同じく再建時に造られた砂の造形の名称からも十分察することが可能だろう。

そして、同じく砂で造られた「銀沙灘」という波状の造形も月と関係すると思う。第一に、銀閣二層の名称を義政自身「潮音閣」と名付けたが、これは月の引力によって潮の満干を繰返す音をイメージして名付けられたものであろう。そして、この名称に合わせて銀沙灘を打ちよせる波の造形としたのではないだろうか。

第二に銀沙灘は、ほんのわずか銀閣にむかって傾斜しており、まるでライトアップのように月光が反射して銀閣を照らし出すしくみになっている。使われている砂は京都の白川砂だが、斜長石や石英でできており、光をより強く反射するのである。そして、その銀沙灘の反射をさらに室内にもたらすため、二階の軒下に銀箔を施したのではないか。そして以後「銀閣」と呼ばれるようになったのではないかと考えている。

このように、江戸時代の再建においては、以降「銀閣寺」の別称が普及するように、観音殿・銀閣を中心に、その観月目的をさらに強化したようにみられる。確かに義政の時代の中心施設は西指庵であって、銀閣は未だ建設途中であった。

ようするに、慈照寺再建に際し、宮城一族が強く意識したのは、何をさしおいても、義政が欲しつつもついに見ることのできなかった銀閣の月だったのである。義政の夢をかなえること、これがコンセプトだったといってよいだろう。

## 慈照寺（銀閣寺）

*data*

**成り立ち**

足利義政が1482（文明14）年に開いた山荘。義政はここを拠点に茶道、華道など様々な文化を育んだ。

**見　所**

東山文化の代表として知られる。銀閣（国宝）は観音殿として質素高貴な意匠であり、東求堂は初期書院造りとして、住宅建築遺構として国宝に指定されている。庭園（特別名勝）は白砂を段形に盛り上げた銀沙灘、向月台は月の光を反射して銀閣を照らす。

**アクセス**

市バス「銀閣寺前」下車、徒歩5分
市バス「銀閣寺道」下車、徒歩10分

**拝　観**

8:30〜17:00（12月1日〜2月末日は9:00〜16:30）

**拝観料**

高校生以上500円
小・中学生300円

**駐車場**

なし

**問い合わせ**

☎075-771-5725

**所　在**

京都市左京区銀閣寺町2

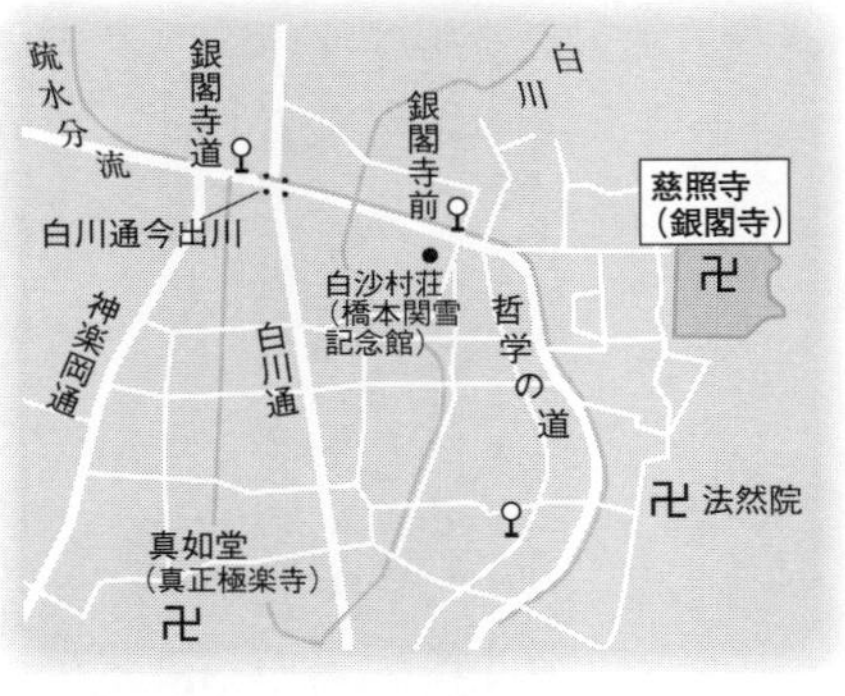

# 第四章　一期一会の空間

## 1　妙喜庵待庵

### 単純にして最も貴重な遺構

京都からJR東海道線快速で十四分、山崎駅改札を背にして左側に降りてすぐ、閑静な住宅街の中に古刹妙喜庵《みょうきあん》がある。その強烈なメッセージを放つ茶室は、この寺につつましやかにたたずんでいる。

まず書院に入り、その縁側から茶室に至るまでの庭の形式である「露地《ろじ》」（路地）が始まる。まず延段《のべだん》と呼ばれる畳のように石を敷きつめた飛石が茶室に沿って延びる。この延段は桂離宮や裏千家今日庵《こんにちあん》、藪内家燕庵《やぶのうちけえんなん》等の露地にも見られるが、おそらくこの妙喜庵が最初の例といわれる。さらに左折すると景色と足ざわりが打って変わり、茶室の南の土間庇《どまびさし》へ続く。丸い川石を用いた飛石が足もとに野趣を添え、南に面した明るい日差しの中、茶室の入口である躙口《にじりぐち》へと自然に導く。茶室に至るまでに気分を高めるための到達の儀式とでもいうべきものが露地であることを教えてくれる。妙喜庵の例は、ごく初期の露地の原形として、単純にして最も貴重な遺構である。

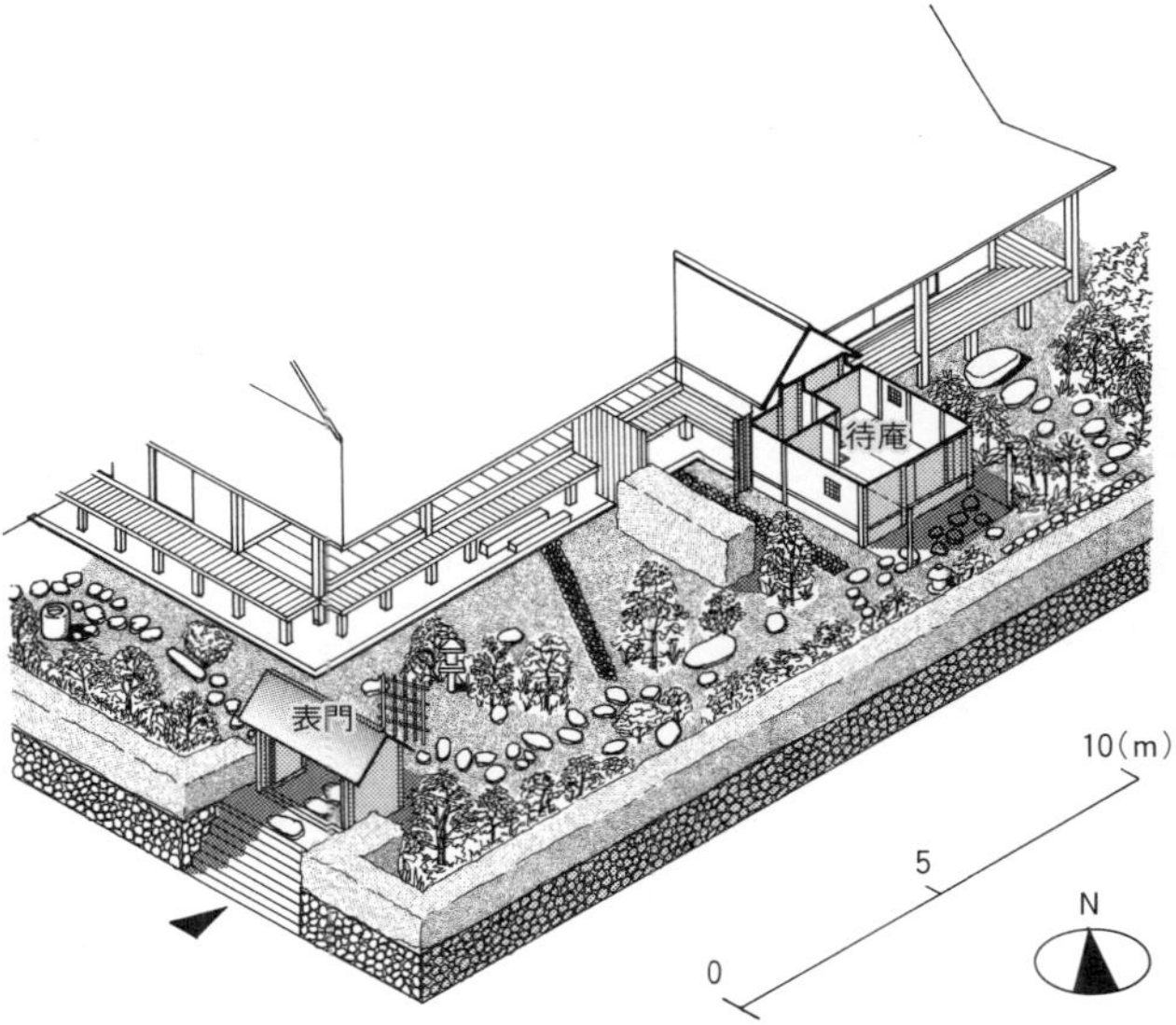


妙喜庵待庵。初期の露地の原形として貴重。茶室に延びる飛石は最初の例とされる。

江戸時代の『都林泉名勝図会』に描かれた妙喜庵の露地を見ると、芝山手水鉢《ちょうずばち》と呼ばれる手水鉢（手を水で清める鉢）が自然石の上に据えられているが、現在は灯籠だけが残されている。同古図には、豊臣秀吉が訪れた際、その袖が触れたという「袖すりの松」と呼ばれる老松が描かれているが、今はやはり失われている。

## 利休と秀吉の厳しい対決の空間

さて、露地を歩いた末、たどりつく到達点である茶室へと目を転じよう。

妙喜庵待庵。茶道の完成者といわれるあの千利休が造った現存する唯一の茶室として国宝に指定されている。利休が茶道指南をつとめる時の権力者・豊臣秀吉のために営んだといわれ、秀吉一畳、利休一畳、計二畳の極小茶室である。

極小であるだけでなく、むだな装飾はいっさいない。開口部など各部のプロポーションによって、すごみすら感じるほどの強い緊張感を得ることに成功している。「侘び」を具現化した草庵茶室の代表作といわれるゆえんである。一説には、成金趣味に走る秀吉を茶道指南として戒めるために利休が造ったものともいわれる。つまり、利休と秀吉の一期一会の茶の湯のための厳しい対決の空間ということもできよう。

待庵が造られたのは一五八二年。秀吉はこの年、主君・織田信長が本能寺の変で自刃したかたき打ちとして、明智光秀を京都・山崎の地で破り、そこへ城を構えた。それは天下統一の直前であり、秀吉が最も慢心していた時期とくしくも重なる。現にこの年は、秀吉最大の汚点というべき、あの朝鮮出兵を発表した年であり、また有名な黄金の茶室を造らせて、物欲、権力欲共に旺盛な時期であった。

こうした時期に、秀吉のために造られた待庵には、利休のメッセージが込められている。第一に、躙口の考案である。躙口とは、縦横四十センチほどの茶室の入口のことで、『南方録』によれば待庵がその発祥とされる。武士も町衆も身分に関係なく、平等にはいつくばって茶室に入るのである。まさに慢心した秀吉に謙虚さを諭すのにうってつけであろう。また、刀を腰にさしていたのでは、躙口から中へ入ることはできない。一八三七年の待庵の古図（河井家蔵）を見ると、刀掛けが描かれている。また、一七九九年の『都林泉名勝図会』には刀掛石が描かれ、かつては刀掛けがあったことがわかる。つまり秀吉の武将としての権威のシンボルである刀をここに掛け、茶室から排除したのである。この刀掛けも待庵がその発祥といわれるのだ。

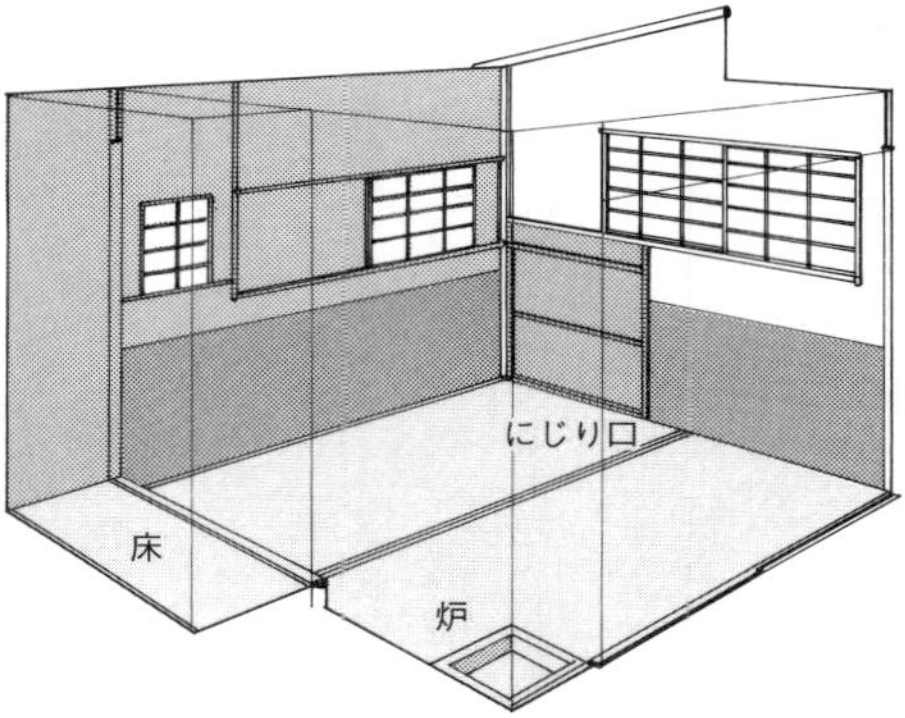

待庵室内。利休は秀吉にどんなメッセージを込めたのか。

利休の第二のメッセージは、室床《むろとこ》と呼ばれる床の間である。それまでは一間幅の床を常としたところを、間口、奥行き共に約半分に縮小している。つまり、豪華な横絵、長絵等の名物を掛けることができなくし、そのかわり花入掛けの釘を一本打ち、花の一輪掛けを重視したのである。また、従来の張付壁にかわって、わら入りの土壁をあらわにしたのも、名物を置けなくするための工夫だろう。さらに二畳という極限まで縮小したことも、従来の豪華な台子《だいす》手前《てまえ》の否定のためだろう。このように利休は、名物を排し、秀吉の物欲を戒めようとしたのである。

## 例外的な茶室が意味するものは?

ところで、千利休は待庵以前、どんな茶室を造っていたのだろうか。

待庵以前の、利休の本邸である堺屋敷の茶室について『細川三斎御伝受書』によれば、四畳半に一間床を構え、入口は一間半に四枚障子で、床《とこ》は張付壁であったという。また同じ茶室について『荒木道薫会記留書』には「座敷四畳半　床あり　縁あり」と記されている。

すなわち、利休にとって最も重要な本邸の茶室は、四畳半で、入口が待庵のような躙口ではなく、縁側から障子戸を開けて入る形式で、さらに床は待庵のワラ入り土壁ではなく紙を張った上、大きさも待庵のような小さなものではなく一間として人一人分に相当する大きさを持っていたことがわかる。

山上宗二の伝書によれば、京都や堺では利休の師・武野紹鷗《じょうおう》の四畳半を写し建てたとあることから、利休もまた師の四畳半を継承したのだろう。現に堺の四畳半の他にも、東大寺

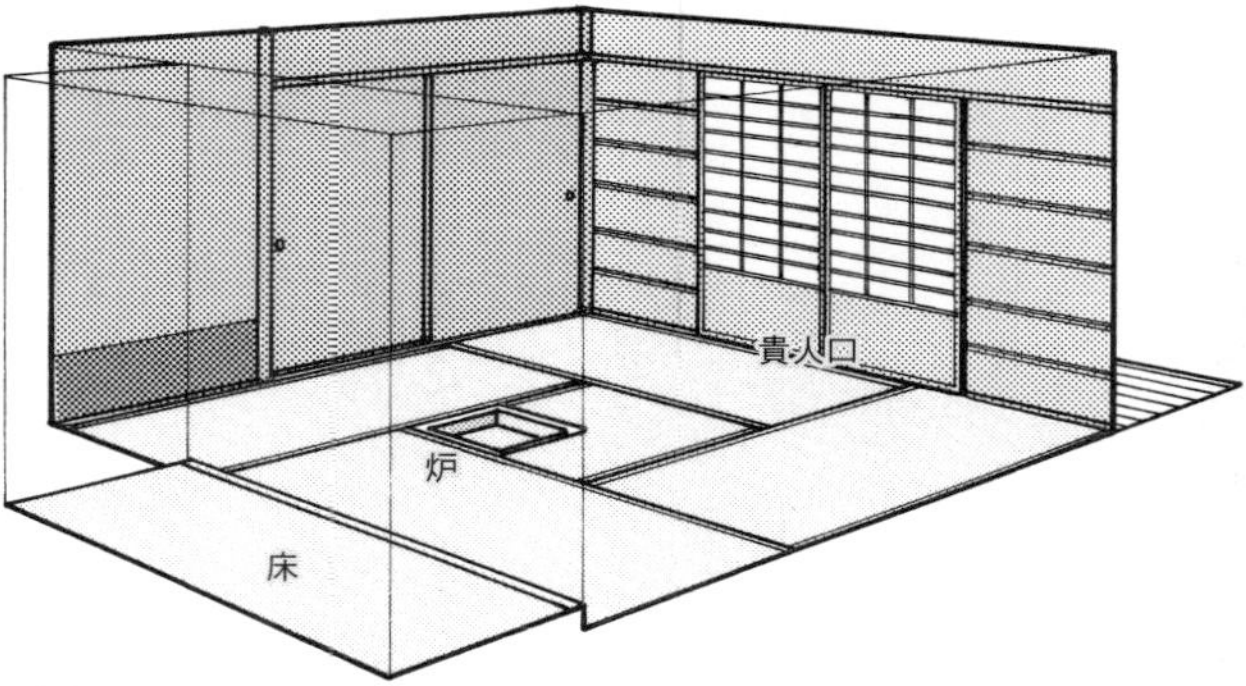


東大寺四聖坊茶室復元図（中村昌生氏復元による）。茶室の主流は四畳半だった。

四聖坊の利休の茶室が起し絵図等で伝えられているが、やはり紹鷗の四畳半の写しである。そして一五八二年、山崎城下にわずか二畳の茶室に次の間と水屋がそれぞれ一畳ついただけの妙喜庵待庵を構えるのである。

それでは、待庵以降の利休の茶室はどういうものだったのだろうか。

ここで注目したいのは、前述の堺本邸の四畳半の茶室を、待庵造営の翌年の一五八三年になっても茶会に使っていることである（『仙茶集』他）。また、利休は「書院台子」を「栄華結構の式」とし、四畳半を茶の「法式の根本」とまで言い切っているのだ。さらに、前述の一五七七年の北野大茶湯においても四畳半の茶室を用いているし、さらには、後に述べる京都の居城聚楽第の茶室も四畳半であったことがわかるのである。その他、一五八三年から一五八四年頃に造られたと見られる「不審菴」も創建当初は四畳半であったといい、当時は茶室の模範とされていたという。『数奇屋次第』によれば、その後も堺、京の茶室の主流はあい変わらず四畳半で、さらに所持するならば二畳であるといい、世間も利休も茶室は四畳半と認めていたふしがあるのだ。

それでは利休は、なぜ例外的なわずか二畳の茶室を秀吉につきつけたのだろうか。慢心した秀吉を戒めるだけなら、これほど極端な茶室を造る必要はなかったに違いない。待庵にはいったいどのようなさらなるメッセージが隠されているのだろうか。

## 朝鮮出兵と待庵のメッセージ

村井康彦氏によれば(『千利休追跡』)、待庵には朝鮮の民家の影響があるという。現に、ソウル郊外の民家園のいくつかの民家の入口には、明らかな潜りの形式が用いられている。また、待庵最大の特徴の一つである宝床という床の隅を丸く塗り廻す手法も朝鮮の民家特有のものであった。さらに、利休の茶碗を焼いたのは、現在の楽家の初代長次郎だが、朝鮮からの帰化人であったといわれる。

一方、一七二三年の『茶道望月集』には、秀吉が文禄の役の帰りに肥前名護屋城から上洛の途中、利休の案内で妙喜庵へ立ち寄って待庵を造ったという伝説が記されている。

また、『不白筆記』には、次の記述がある。

高麗カコイ
是ハ利休好也　高麗セメノ時ハカタノ津ニテ御カコイ被成候　是ハ常ノ大キ成ル書院ニテ見合一畳半ニテモ二畳ニテモ取リ　カリニ置敷居ナトヲシテ其上ハ天井モカリニヒクウ付テカコイ申候　是ヲ高麗カコイト云　何レノ座敷ニテモスル也　妙喜庵坏モ高麗カコイヨリ出タル物也　四畳半ノ内ヲ取リタル物也

つまり、朝鮮出兵の文禄の役の際、博多で利休が「高麗囲《こまがこい》」を試みたといい、妙喜庵の茶室もここから造られたというのである。どちらの記録も、文禄の役にはすでに利休は亡くなっており、矛盾があるが、ここで重要なのは、こうした伝説がつくられたその背景にあるものなのである。また朝鮮出兵の時に、日本へもたらされた朝鮮のツバキを利休は「わび助」と呼んで、茶室の露地に用いたという。

待庵が造られたのは、秀吉が「高麗攻め」の計画を発表したまさにその時であった。その意匠は、ことさら朝鮮民家の特徴を強調したふしがある。朝鮮風の茶室で、利休は朝鮮出身の長次郎の焼いた黒楽茶碗を秀吉につきつけたわけである。さらに床の間の一輪ざしに生けられた花は、朝鮮の花、わび助であった。秀吉も利休の見立てたわび助を龍安寺や大徳寺総《そう》見院《けんいん》に自ら植えている。

果して、これら一連の朝鮮を巡る出来事は偶然だろうか。いやこれらはおそらく朝鮮出兵への強烈な批判に他ならない。朝鮮出兵のためにかの地を訪れた大半の武将が、出兵をしぶっていたという。武将というものは、大義名分がなければ、決して殺戮を行なうことはない。一方的な出兵を彼らは躊躇したに違いない。

秀吉の口ぐせが「内々のことはりきうへ」であったという。つまり、秀吉に直接言いにくいことは、単なる茶道指南ではなく、秀吉の政治的ブレーンでもあった利休に言えというのである。朝鮮出兵のさなか、利休のもとへは最前線の大名から出兵中止を請う嘆願書が多数送りつけられたという。利休以外に秀吉へもの申す者はいなかったのである。

一五九一年、利休は秀吉の怒りに触れ、ついには切腹して果てる。茶道史の七不思議の一つに数えられる利休と秀吉の葛藤があったのかもしれない。待庵は、今日も強いメッセージを私たちに放ち続けているのである。

## 妙喜庵待庵

***data***

**成り立ち**

山崎城に陣取っていた豊臣秀吉が1582（天正10）年に千利休に造らせたといい、点前座と客座がそれぞれ一畳ずつしかない極小の茶室で、利休のいう「わび茶」の完成を示すものといわれる。

**見　所**

待庵は千利休の作とはっきりわかる唯一の現存する茶室で現在、国宝に指定されている。壁面などにわらを混ぜ込んで質素な草庵茶室となっており、その頃成金趣味に傾いていった秀吉をいましめるための一対一の空間であったといえる。

**アクセス**

JR東海道本線「山崎」駅下車すぐ
阪急京都線「大山崎」駅下車、徒歩5分

**拝　観**

往復はがきにて一ヶ月前に希望日を記入の上、申し込む。15名以上謝絶。月・火休み

**拝観料**

1000円

**駐車場**

なし

**問い合わせ**

☎ 075-956-0103

**所　在**

乙訓郡大山崎町字大山崎小字竜光56

## 2　三千家の露地

### 表千家不審菴

茶の湯の完成者・千利休には七哲と呼ばれる茶道の弟子があったが、その直系として利休の茶を現代まで伝えたのは、三千家と呼ばれる流派である。

利休の死後、利休の息子・少庵とその孫宗旦《そうたん》が千家を再興する。宗旦には四人の息子があったが、次男の宗守《そうしゅ》は武者小路《むしゃのこうじ》の地で茶を極め、現在の武者小路千家として継承されている。また、三男宗左は紀州家に茶道指南としてつかえ、現在の表千家《おもてせんけ》として受け継がれている。さらに四男宗室は、加賀前田家の茶道指南となり、裏千家《うらせんけ》として今に残る。

中でも表千家は、千利休の直系であり、日本茶道の本流といってよい。この表千家の茶室が不審菴《ふしんあん》である。不審菴の名は、利休が傾倒した古渓和尚の漢詩「不審花開今日春」から命名されたといわれ、後に記す今日庵の名もこの漢詩から名付けられたといわれる。不審菴はもと利休が大徳寺門前に設けた茶室で、少庵が現在の場所に再興した。しかし一七八九年に焼失し、再建した後再び一九〇五年に焼失、現在の建物は大正初期に再建したものである。

建つ位置も当初とかなり変化しているが、不審菴及び露地は、古図によって可能な限り復元されており、利休時代の面影を今に伝えている。表千家の露地には、不審菴、残月亭、点雪堂、啐啄斎《そったくさい》七畳敷、無一物、松風楼など数多くの茶室があるため、複雑に入りくんでいる。不審菴の露地は、大きく三つの空間からなり、まず露地門を潜ると左に外腰掛《そとこしかけ》と実際に使用可能な下腹雪隠《しもばらせっちん》（便所）があり、その正面の中潜《なかくぐり》までが外露地《そとろじ》となっている。客人はこの外腰掛で亭主の出迎えを受け、結界としての中潜を入り、内露地へとすすむ。内露地は、さらに梅見門《ばいけんもん》でもう一つの茶室残月亭の露地と不審菴の露地に分かれ、梅見門を潜ると不審菴専用の第三の露地となる。梅見門の右には内腰掛《うちこしかけ》、正面には鑑賞専用の飾り砂雪隠《すなせっちん》があり、自然石の飛石をさらにすすんでいくと右手に蹲踞《つくばい》、正面に三畳台目の茶室・不審菴の躙口がひっそりとあらわれる寸法である。

**裏千家今日庵**

利休の孫宗旦《そうたん》は一六四六年、長男の江岑《こうしん》に跡を譲り、自らは今日庵を建てて隠居所とした。これ以上小さくできないという千利休の一畳台目の茶室を写して建てられたのが今日庵《こんにちあん》である。宗旦は、一六五三年に同じく利休の茶室の写しである四畳半の又隠《ゆういん》を建てた。しかし、これらは一部を残して天明期に焼失したが、翌年には再建されている。

裏千家の茶室は、表千家の北側に接して構えられている。表千家同様、今日庵、又隠、寒雲亭《かんうんてい》、利休堂、咄々斎《とつとつさい》、無色軒《むしきけん》、溜精軒《りゅうせいけん》、抛筌斎《ほうぜんさい》、又新軒《ゆうしんけん》など数多くの茶室をもつため、露地も極めて複雑な構成となっている。玄関の南側の引戸を開け、狭い露地を進み、露地口を入ると、閑雅な外露地に出る。この外露地には、主人を待つための腰掛待合があり、雪隠が付属している。この腰掛待合から自然石の飛石が二又に分かれ、一つは無色軒へ、もう一つは霰石の延段を通り、中門を潜って又隠と今日庵へ達する。ちなみに、この延段の前で飛石の道はさらに二又に分かれ、寒雲亭の前には、利休が愛用したという小袖の手水鉢と宗旦が好んだという欠灯籠がある。ここで手を洗い口をすすいで寒雲亭を左に見つつ進むと、今日庵の下地窓が見えるといったしくみである。

今日庵は、待庵と同じく、わずか二畳の極小茶室であり、南に躙口と刀掛けを持ち、内部には床の間をもたず、水屋道庫と呼ばれる水廻りを設けている。二畳ではあるが、一畳分が台目畳といってやや小さな畳であるため、正式には一畳台目と呼ぶ。

待庵、不審菴と並び、利休が到達した「侘び」の美意識を今に伝える貴重な存在である。

## 武者小路千家官休庵

武者小路千家を興した一翁宗守は、千宗旦の次男で、高松藩の茶頭として仕えていたが、晩年は退隠し、その際建てた茶室こそが、究極の極小空間である一畳台目の官休庵《かんきゆうあん》である。しかし、その後数回の火災にあい、現在の建物は一九二六年に再建したものである。

官休庵の名称は「茶に専念するために官を休んだ」の意であるといい、高松藩を隠退した創設者の心境を表しているといわれる。軒下に宗旦の筆になる「官休」の額が高々と掲げられている。外腰掛からごく自然に配された飛石に導かれて歩いていくとすぐに左に灯籠があり、さらに進むと中門にたどりつく。編笠門《あみかさもん》と呼ばれるなだらかな曲面の檜皮葺の屋根をもつ有名な中門を潜ると、左に再び灯籠と四方仏の蹲踞がある。この蹲踞は石造の十三重塔の塔身を転用したもので、火災にあってやや黒ずんでいるが、一翁宗守遺愛の逸品である。この蹲踞で手を洗い、口をすすぎ、さらに奥の袖垣の内側に隠された躙口へと向かうのである。

茶室は、一畳の客室と、細長い板を挟んで亭主のための小さな台目畳を敷き、明り取りのための風炉先窓と炉がしこまれている。台目畳には竹の簀《すのこ》敷きの水屋道庫を備えており、板敷きの茶道口をかいして水屋につながっている。客座には、約半畳の床の間と連子窓が設けられている。狭いながら極めて変化に富んだ構成といえよう。

## 表千家
## 不審菴

***data***

**成り立ち**

1591(天正19)年、利休の自刃後、その子・少庵が豊臣秀吉より千家再興を許され、当地を拝領し、この地に利休遺跡の「不審菴」と「残月亭」を復興したのを始めとする。

**見　所**

不審菴の露地は3つの空間から成る。露地門を潜ると左に外腰掛と雪隠があり、その前面の中潜までが外露地となっている。客人はこの外腰掛で亭主の出迎えを受け、中潜を入り内露地へすすむ。内露地はさらに分かれ、梅見門を潜ると不審菴へつづく第3の露地となる。

**所　在**

京都市上京区小川通寺之内上ル　☎075-432-1111

## 裏千家
## 今日庵

***data***

**成り立ち**

千家の3代目を継いだ千宗旦は1646(正保3)年、江岑に跡をゆずり、自らは隠居所を建てて裏千家を名乗る。この際、これ以上小さくすることができないという千利休の一畳半の茶室を写して建てられたのが今日庵である。

**見　所**

裏千家の名は、表千家(不審菴)の北裏にあることから出たもの。今日庵が建てられた後、1653(承応2)年には同じく千利休の茶室の写しである四畳半の又隠が建てられた。現在のものは1807(文化4)年に再建されたもの。

**アクセス**

市バス「堀川寺之内」下車すぐ

**問い合わせ**

☎075-431-3111

**拝　観**

非公開

**所　在**

京都市上京区小川通寺之内上ル

## 武者小路千家 官休庵

*data*

**成り立ち**

武者小路千家は、千利休の孫の宗旦の次男・一翁宗守を流祖とし、高松藩に茶頭として仕えていた。晩年にその職を退隠し建てた茶室が、極小の茶室「官休庵」である。一畳台目の空間を広く見せる工夫が随所に施されている。

**見　所**

現在の建物は1926（大正15）年に再建されたもの。編笠門や外腰掛周辺の意匠が特に凝っており、玉石敷の仕切りに菊炭を木口を上にして並べられていたり、テンダイウヤクの植栽などがあり珍しい。これらの珍しい意匠によって客をもてなすことを意図していると思われる。

**アクセス**

地下鉄烏丸線「今出川」駅下車、徒歩10分
市バス「上京区総合庁舎前」下車、徒歩10分

**拝　観**

詳細は問い合わせを

**駐車場**

なし

**問い合わせ**

☎ 075-411-1000

**所　在**

京都市上京区武者小路通小川東入ル613

# 第五章　普請狂・豊臣秀吉の死期と庭

## 1　醍醐寺三宝院

### 秀吉の死への不安と花見

「醍醐花見図屏風《だいごはなみずびょうぶ》」(国立歴史民俗博物館蔵)と呼ばれる絵図がある。一五九七年三月八日、太閤豊臣秀吉が開いた有名な醍醐寺の花見の宴の情景を描いたものという。中央に最晩年の老い病んだ秀吉、そして秀吉に寄り添うように妻の北政所《きたのまんどころ》の出家姿がみえる。花を愛でつつ、共に生きてきた波瀾に富む人生を語り合ったに違いない。この醍醐の花見の翌年、秀吉は黄泉《よみ》の国へと旅立った。醍醐の花見の頃が、彼の死への不安が最も高まった時期であったに違いない。

秀吉には、北政所との間に子がなかったが、一五八九年、淀殿《よどどの》との間に長男鶴松《つるまつ》を出産。しかし、一五九一年、わずか三歳で没してしまった。この年は鶴松だけでなく、秀吉の片腕とでもいうべき存在であった弟・秀長が病没。また、母・大政所《おおまんどころ》の病状が急変し、有名な朝鮮出兵のために肥前にいた秀吉は至急上京するが、その臨終には間に合わなかった。さらに彼の茶匠であり、政治的側近でもあったあの千利休まで秀吉の命で自刃してしまった。

秀吉は、このようなたび重なる身内の死をいったいどのような気持ちで見つめていたのだろうか。じつは、秀吉の行なった朝鮮出兵ですら、身内の死に端を発したものであった。『朝鮮征伐記』によれば「幼児鶴松を失い、その鬱憤を晴らすため」侵略したという。また『日本外史』にも「秀吉初め子なし。浅井氏、男鶴松を生む。秀吉、これを愛す。この歳、鶴松、夭折す。悲哀累月、心楽しまず。従者に曰く『大丈夫、まさに武を夫理の外に用ふ。どうして鬱々となさん』」と記し、出兵は鶴松の死の鬱憤を晴らすためであったというのである。

「醍醐花見図屏風」部分。花見の翌年死去した秀吉。

秀吉の身内の死はさらに続く。一五九五年、秀吉の後継ぎとして京都の居城聚楽第にいた関白秀次までが秀吉への謀反の罪で自刃させられてしまう。しかも秀次のみならず、子女、妻、側室まで徹底的に京都三条河原で処刑された。

秀次が謀反を企てたという証拠はない。秀次の関白就任後の一五九三年、秀吉の実子・秀頼が生まれたことが深く関係したといわれる。鶴松を失い、一度は我が子に政権を相続させることを断念、甥《おい》の秀次へ関白を譲った秀吉であったが、再び子を得た喜びはさぞや大きかっただろう。翌一五九四年には、すでに秀吉は実子・秀頼に難攻不落の大坂城を与え、秀次は危機に瀕していたといってよい。秀次が暴君であったために自刃させられたともいうが、むしろ秀頼の誕生によって自暴自棄に陥ったと見るべきだろう。秀次の死後、秀吉は秀次に与えた聚楽第を自ら破壊してしまうのである。

そして、ちょうどこの頃、秀吉は「不死身」から名付けられたという京都・伏見の地に晩年を過ごすための伏見城を造営する。伏見は、古来、不老不死を願う地として知られ、中世には藤原頼通《よりみち》の子・橘 俊綱《たちばなとしつな》が別荘を設けたり、また後白河上皇が伏見御所を構えたり、隠居所を建てて晩年を心清らかに過ごす地であった。

秀長や大政所、鶴松が没し、利休や秀次一族を死に追いやり、秀吉は自らの死への恐怖に脅かされていたに違いない。「不死身」を祈って築いた伏見城の造営が進むにつれて、その恐怖は益々大きくなっていったのではないだろうか。

秀吉が初めて醍醐で花見を行なった翌年の一五九八年三月十五日、彼は再び大がかりな花見を醍醐で行なうのだが、かつて秀吉が行なった北野大茶湯と呼ばれる大茶会のおおらかさとは正反対であった。というのも『太閤さま軍記のうち』によれば、この花見では警固を固め、弓、槍、鉄砲で厳重に武装して行なわれ、庭園にいたっては「これより奥へは一切御用人の他は出入これなし」といったありさまである。ここに、秀吉の死の不安がありありとみえる。

この花見に先立ち、秀吉は三回も自ら醍醐におもむき、庭造りに専念している。人はなぜ死期が近づくと庭を造りたがるのか。あの足利義政も死と戦いながら銀閣寺の庭を造営した。また藤原頼通すら、末法の世の死後の不安から平等院庭園を造ったのである。そして秀吉もしかり、死への不安が彼を庭造りへと駆り立てたのではないか。

それではなぜ死への不安をかかえると庭を造るのかといえば、それはもしかしたら、生けるものへの慈しみ、憧憬の気持ちからだったのではないだろうか。頼通にせよ、義政にせよ、秀吉にせよ極楽浄土を夢見たことだけは確かだろう。

醍醐の花見の後、秀吉は死の床に就く。有馬温泉へ湯治に出掛けたりもしているが、この年の六月以降は病床から離れることはなかったという。八月五日には最後の遺言を書き残し、その中で徳川家康以下五名の家臣に、一粒種、秀頼の事を託した。そして八月十八日、自らが着手した醍醐寺三宝院を残し、自らの「不死身」を祈った伏見城でその六十三年の波瀾に満ちた生涯を終えた。

つゆとをち　つゆときへにし　わがみかな
　なにわのことも　ゆめの又ゆめ

夢のまた夢という辞世を残して花と散ったのである。

## 普請狂秀吉の先進的発想

豊臣秀吉はよく知られている通り、貧しい百姓の子として生まれ、織田信長の草履取りとして仕え、信長亡き後、天下人に成り上がった人物である。この出世話に欠かすことのできないものが、戦場を駆け巡りながら造営したおびただしい数の建築群である。その数は戦国武将の中で最も傑出している。それは城郭に限ったことではなく、城下町の都市計画、寺社の造営、茶室など、途方もない数の建設を通して天下をとったといってよい。

それが秀吉を別名「普請狂《ふしんきょう》」と呼ぶゆえんだが、ただ単に空前絶後の数の造営にかかわったただけでなく、それらのいくつかは、のちの江戸建築に大きな影響を与えた斬新なものであった。例えば茶道を奨励し、前に触れた通り茶匠・千利休を重用して茶室の発展に貢献したし、また、武士の住居形式である書院造を飛躍的に発達させている。さらに後に述べる通り、南蛮貿易やキリスト教布教を通じてもたらされた西欧建築のしくみを、いちはやく建築や庭園に取り入れたり、死後、神になるための秘儀や、宮寺の様式である権現造《ごんげんづくり》の発祥にも関与したのである。

とりわけ、日本庭園史上に残した足跡といえば、従来の戦う建築としての城郭に、「山里《やまざと》曲輪《くるわ》」と呼ばれる庭園をはじめて設けたことだろう。

宣教師フロイスによれば、大坂城について次の記述がある（『日本史』）。

此《この》新城の中庭に一の庭がある。我等の庭園に相当し、其《その》構造は巧妙で、天然石、四季の緑樹其他《そのた》多くの自然物を備えている。又甚《はなは》だよい位置に数個の座敷があり、料理場の用をする。又茶の湯の美しい家があり、之《これ》に接して庭園があり、其《その》緑をもって美観をそえる。

庭園の他方にある一の高所に甚だ美麗な座敷の黄金をもって飾ったものがある。

これが大坂城の山里曲輪の描写であり、城内に設けた庭園としては日本初のものである。描写の中の「黄金をもって飾った」座敷とは、例の黄金の茶室に相違ない。この「山里曲輪」の名称は、当初から用いられたが、秀吉の茶堂である利休が茶道の精神として「侘び」の心を、

花をのみ　まつらん人に　山里の
　雪間の草の　春をみせばや（傍点筆者）

という藤原家隆《いえたか》の歌に託したことから、命名されたのだろう。

この大坂城で初めて試みた山里曲輪を、秀吉は京都の居城である聚楽第では、さらに拡大し、もはや城郭の大半を庭園が占めるようになる。さらに、朝鮮出兵のために造られた名護屋城では、上山里丸、中山里丸、下山里丸と上中下三段構成の大がかりなものに発展しているのである。

一方、秀吉最晩年の伏見城では、山里丸を設けただけではなく、宇治川の対岸に向島城と呼ばれる庭園専用の城を設けている。『武功雑記』によれば「向島の御下屋敷とそばなる大

閣の御遊所」とあり、秀吉の遊興施設あるいは隠居所であったことがわかる。

こうした城郭に庭園を設けるという秀吉の発想は、江戸時代の大名の城郭にも受けつがれ、「大名庭園」として定番化するのである。秀吉の庭好きは醍醐寺三宝院を造らせただけではなく、こうした山里曲輪という城郭の形式にまで波及したことになる。

## 秀吉は熟知していたか

秀吉が城郭にはじめて持ち込んだ庭園である大坂城の山里曲輪は、その後皮肉にも豊臣家滅亡の際、秀頼、淀殿以下二十数名の自害の場所となった。この悲劇の曲輪と大坂城二の丸をつないだのが「極楽橋」であり、死者を極楽に導く阿弥陀如来を安置するための阿弥陀堂へ渡る橋であったという。いいかえれば、この世とあの世の間を流れるという三途の川にかかる橋に見立てられたものだろう。

秀吉は庭好きが高じて、山里曲輪を考案したが、単にそれだけではなく、庭園が他界にふかくかかわっていることを、どこか熟知していたようにみられる。彼は果してこの場所が豊臣家最期の他界の場所になることを知っていたのだろうか。

一方、「不死身」にあやかって造られた伏見城はどうだろうか。第二章で触れた通り、平等院は極楽浄土を三次元空間として再現したものであった。この平等院へは、宇治川に架けられた朝妻橋を渡って入るのだが、この行為はやはり三途の川を渡ることを意味し、極楽浄土に見立てられた平等院の本尊は、死者を極楽に導く阿弥陀如来であった。

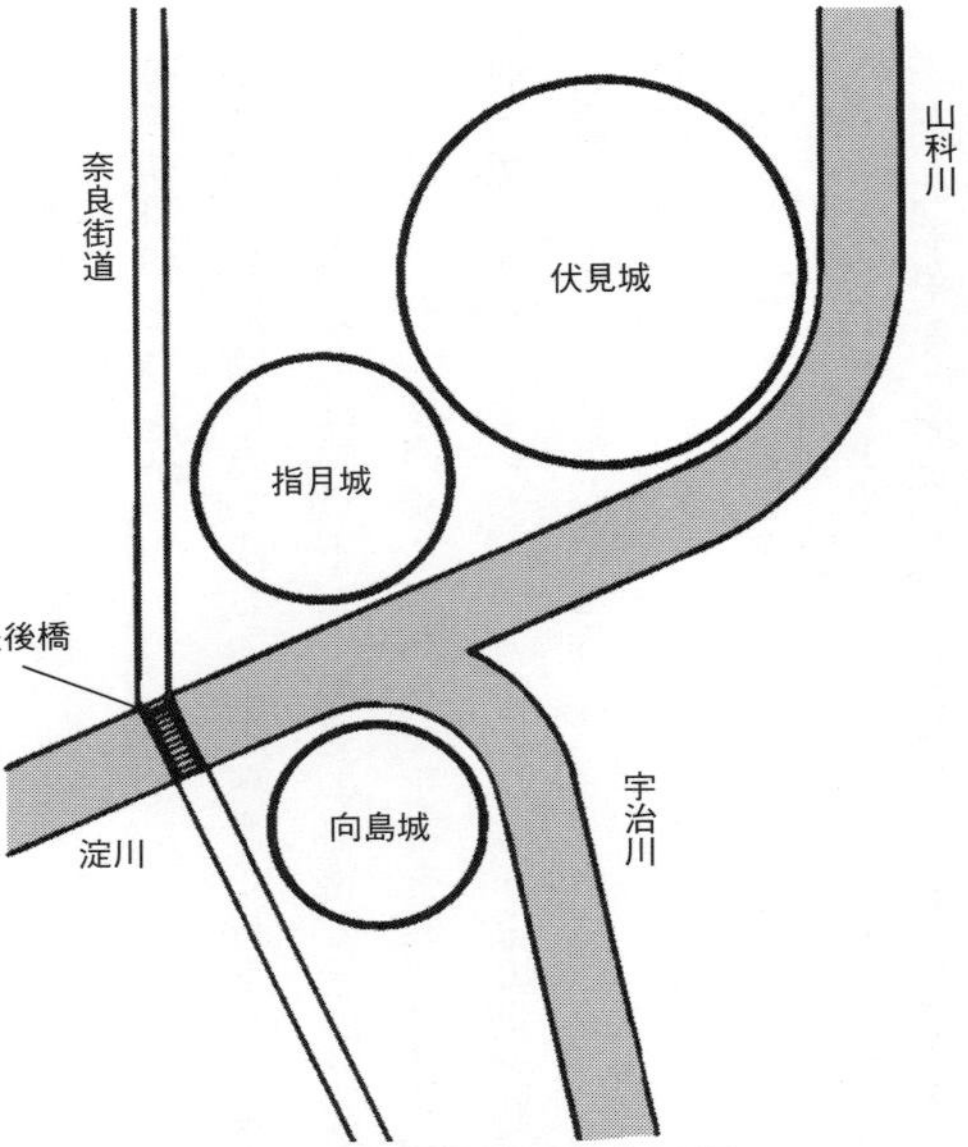

指月城・向島城・伏見城の推定配置図。

　伏見城と共に造られた向島城も、前述の通り山里曲輪という庭園施設として造られたわけだが、やはり「不死身」の地、伏見城と宇治川をはさんで橋で結ばれていた。すなわち不死身の地に対して、向島城は「あの世」に相当することになるのだ。

　少し深読みに過ぎるかもしれないが、秀吉は伏見城で不死身を願うのと同時に、向島城の庭園では清らかな往生極楽を祈ったのかもしれない。彼は関白に就く際、藤原の姓を名乗ったが、向島城の庭園で晩年を過ごしたときは、まさに平等院を造った藤原頼通のような心境ではなかったか。そして、秀吉が自ら造営した醍醐寺というのも、上醍醐と下醍醐の上下二段構成をもっている。これはここまで繰返し述べてきたように、あの夢窓国師の西芳寺庭園からはじまる穢土と浄土、地獄と天国の二段構成からきている。

秀吉は、おそらくそのことを知った上で浄土にあたる下醍醐に三宝院の庭を造営したのではないだろうか。三宝院は、秀吉が死の直前に、往生極楽を願って造った庭であったかもしれない。

## 技術者集団「ワタリ」と秀吉

普請狂とまでいわれた秀吉は、なぜかくも建築や庭の造営にこだわったのだろうか。その疑問を解く鍵が、彼の出生についての謎に深くかかわっているように思われる。

これだけ有名な武将であるにもかかわらず、秀吉はその出自どころか、その前半生についても全く明らかではない。確実な史料による初見は、一五六五年の織田信長の領地を約束する知行安堵状であり、ここにはじめて木下藤吉郎秀吉の名があらわれる。この時秀吉は二十八歳であり、それ以前の彼の消息はほとんど謎のままなのである。

ここで注目したいのが静岡大学小和田哲男教授による、定住地をもたない技術者集団ワタリに関係していたという説である。小和田氏によれば、秀吉の母なかは、ワタリの鍛冶師関兼定の娘であり、また秀吉自らも近江の鍛冶師に弟子入りしたという伝承があり、さらに秀吉の祖父国吉も近江出身だという。近江は当時最も優秀な大工を多数輩出したことで知られ、中でも竹生島《ちくぶ》の阿部家が有名である。

秀吉は、この竹生島を大変重視し、この島の宝厳寺の課税免除をしたり、火災にあった際に寺を復興している。またこの竹生島の都久夫須麻《つくぶすま》神社本殿と宝厳寺唐門は、秀吉の霊廟である豊国廟から移したものである。

一方、江戸幕府の大棟梁であった甲良家も近江大工出身であり、秀吉が初代甲良宗広を伏見城普請に重用したのが、その発端である。また、秀吉の造った城郭のほとんどの石垣を担当したのが、近江の穴太《あのう》の石工であり、九州や関東まで呼びつけるほどのほれこみようであった。醍醐寺三宝院の石垣もじつは穴太の石工によるものである。

このように技術者集団の地として有名な近江の土木技術者の重用は、彼の家臣全般にいえることで、脇坂安治《わきさかやすはる》、石田三成《いしだみつなり》、片桐且元《かたぎりかつもと》、長束正家《なつかまさいえ》、増田長盛《ましたながもり》など枚挙に暇がない。中でも藤堂高虎《とうどうたかとら》と小堀遠州《こぼりえんしゅう》は、のちの徳川幕府でも重用され、高虎は江戸の都市計画を担当、遠州は後に詳しく述べる通り、江戸時代の代表的庭園デザイナーである。このように見てくると、秀吉の家臣そのものが近江の土木技術者と深く結びついていたことがわかる。

その他、近江には秀吉の遺構が数多く残され、伏見城から移された園城寺の三重塔や大門、西教寺客殿などが有名である。また日吉大社は、秀吉の幼名「日吉」の発端となった神社である上、ワタリの信仰神でもあった。確かに日吉大社の神獣、猿は秀吉の通称であり、彼が重用した穴太の石工は元来、日吉大社の石垣の修理役であって、さらに近江大工の信仰地でもあったことからみても、単なる偶然では片づけられないのである。

秀吉自身の戦術一つをとってみても、短期間で大工に分担工事を行なわせた有名な「清洲《きよす》城割普請《じょうわりぶしん》」や、あらかじめ加工した材料を川を通じて運搬し、現場で組み立てるといった奇策で完成させた「墨俣《すのまた》一夜城」、敵の城周辺の地形を読み、梅雨期にダムを築いて水没させた「高松城水攻め」など、すべて武将が剣を交えて戦うというよりはむしろ、土木技術を駆使した知能戦といった方が正しい。ここに、秀吉の謎のベールに包まれた前半生が見え隠れしているといえないだろうか。

秀吉が城郭に庭園を持ち込んだり、醍醐の花見に際し、その庭造りに自ら着手、三宝院を造営した背景には、おそらく、秀吉の前半生における土木技術集団ワタリとの関係が影響しているとみられるのである。

### 日本初のルネサンス庭園

醍醐寺三宝院の庭の造営は、秀吉亡き後も、住職、義演《ぎえん》によって続けられ、現在の姿に整えられた。その過程は、義演が書き残した日記『義演准后日記《ぎえんじゅんごうにっき》』によってつぶさに知ることができる。この日記の中で、特に注目したいのは、一六一六年十一月七日の条の「常御所与《と》台所ノ庭ヲ掘、花壇ヲ突」という記述である。つまり、花壇を造ったというのであり、これは日本庭園における花壇の初見である。

古来、日本庭園は「自然風景式」と呼ばれる形式をもち、中世の庭作りのテキスト『作庭記《さくていき》』にも「生得の山水を思はへて」と記され、自然の池や中島、滝、川、山等の風景の縮図として造られてきた。しかし、十七世紀のヨーロッパのルネサンス・バロック時代の庭園は「整形式」と呼ばれる形式で、円や正方形といった幾何学や噴水、花壇等を用いて自然を人工的に加工した庭が造られた。三宝院に造られたという花壇は、明らかに整形式庭園のテクニックの一つであり、それまで日本庭園には決してみられなかった西欧手法が応用されたも

醍醐寺三宝院鳥瞰図。日本庭園にはなかった西欧手法があちこちに見られる。

のといってよい。

一方、『義演准后日記』の一六一七年正月二十五日の条には「南庭西小池ノ北ニ築小山、植蘇鐵二本、工菴進上、長九尺餘在之、見事也」（傍点筆者）とあって、高さ九尺（約二・七メートル）のソテツが二本うえられたことがわかる。

ソテツの日本における初見は、一五七七年にキリスト教宣教師が京都に建てた教会であり、一五八七年の秀吉のバテレン追放令によって破壊されたが、その姿を描いた『扇面南蛮寺図』（神戸市立博物館蔵、115P）を見ると、庭にソテツが描かれているのがわかる。ソテツは日本には自生せず、宣教師たちが本国と日本の中継地とした植民地のゴア、フィリピン、マニラなどから、大名や天皇への献上品として持ち込んだものである。

ソテツが史料上、二番目に登場するのは、秀吉の聚楽第を描いた『聚楽第図屏風』（三井文庫、115P）、そして三番目が『義演准后日記』に見る三宝院のソテツなのである。

このような醍醐寺三宝院への西欧手法は、庭園に限ったことではない。三宝院表書院の平面を観察すると、床の間のある上段の一の間から、三の間までの柱間が二間、三間、四間と間隔が等差数列で規則的に大きくなっている。

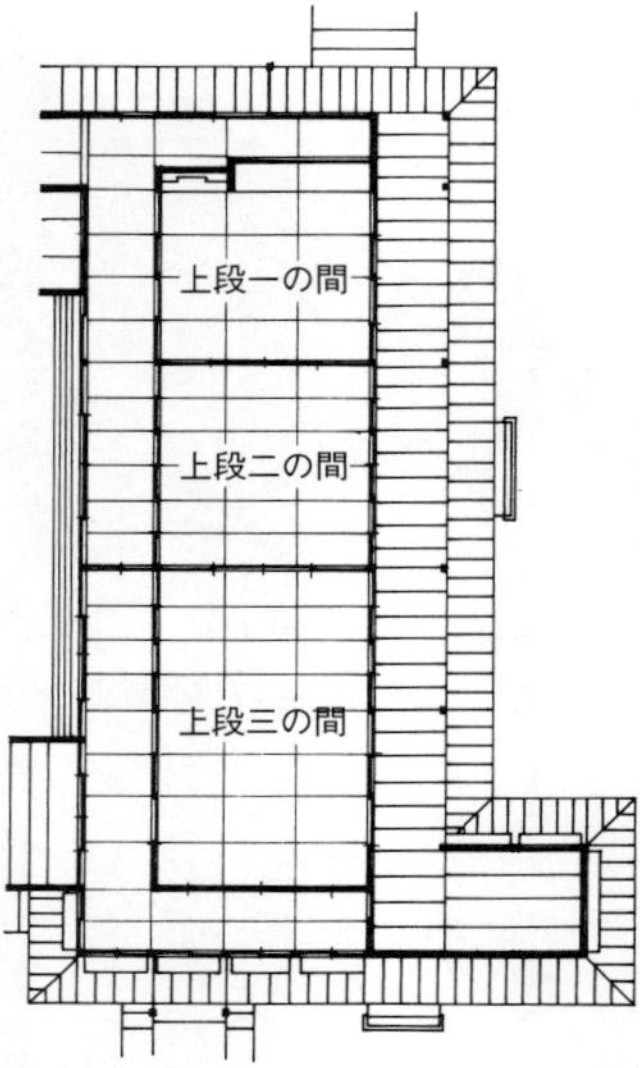

醍醐寺三宝院表書院平面図。西欧意匠が。

こうした柱間を数列によって広くしていく手法は、同時期ヨーロッパのルネサンス・バロック教会に顕著にみられるパースペクティヴの手法である。奥にいくに従い、柱間を数列で減少させることによって奥行きを強調する手法で、サンタ・マリア・ノヴェッラなど数多くの事例がある。

このように見てくると、醍醐寺三宝院には数々の西欧意匠が見られるが、こうした兆候は、いったいどこからきたのだろうか。

## 西欧文化を取り入れたかった秀吉の本心

豊臣秀吉は一五八三年大坂城を造営するが、その際、キリスト教宣教師らに城の近くへ土地を与え、教会を建てさせている。また、秀吉の側近がキリシタンになることを、はじめは許していたようで、例えば書記をしていた安威五左衛門了佐、財務担当の小西立佐、秘書のマグダレーナ、側近の松の丸殿等はキリシタンであった。

また、大名の家臣にも黒田如水、高山右近、大友宗麟、小西行長、有馬晴信、内藤如安、蒲生氏郷、池田教正、牧村長兵衛等、キリシタンが数多く、キリシタンにならないまでも、神子田半左衛門や細川忠興等キリシタンに近い位置にいた者が多い。

秀吉の大坂城の内部を見た宣教師フロイスによれば、千利休が秀吉のために作った黄金の茶室や茶の湯の器とともに、ヨーロッパ風のカッパやベッドを目撃したといい、このベッドは大友宗麟によれば、長さ約二・一メートル、幅一・二メートル、高さ四十二センチであったという。また、城内の女性をキリシタンでなくとも、マリアとかカタリナなどという西欧名で呼ばせていたといわれる。

一方、大坂城の外においても、フロイスによれば、ポルトガル船の中で宣教師が西欧料理やワインで秀吉をもてなし、ポルトガル語を教えたりしたといい、これは茶人、神谷宗湛《そうたん》も目撃している。その直後に、例のバテレン追放令を発布するわけだが、その第四条をみると、布教はだめだが貿易船は今後とも来てよろしいと記されており、秀吉はキリスト教こそは禁じはしたものの、西欧文化に対しては禁じるどころか奨励していたふしがあるのだ。

その後、朝鮮出兵のために名護屋にいた際も西欧の風習にことの他興味をよせ、家臣にも南蛮意匠の服を着せたりしたため、長崎の仕立屋は大変忙しくなり、それらを家臣が持ち帰ったため、大坂、京都でも西欧の料理や衣服、風習が大流行したという。

このようにキリスト教は禁じたが、西欧文化導入については前にも増して拍車がかかり、前述のベッドの他、椅子やテーブル、ジュータン、コンペイトウやワイン、ズボン、くつといった西欧からの輸入品を秀吉は愛用していたのである。

フロイスによれば「現在まで日本人がとても嫌っていた鶏卵や牛肉などの食品」について「太閤自身がこれらの食物を大いに好むようになった」ともいう。

一五九一年にヨーロッパから帰国した四人が秀吉の城、聚楽第を訪れ、クラボ、ハープ、リュート、リペカ等の西洋楽器を演奏しつつ、ヨーロッパの歌を披露した際、秀吉が欠伸《あくび》を催したため中断したところ、繰返し演奏せよと三度も命じ、その後楽器を手にして質問ぜめにしたという。

フロイスによれば「日本人にとっては、われわれのすべての楽器は不愉快と嫌悪を生ずる」といった当時の日本で、秀吉は強い興味を示しているのである。

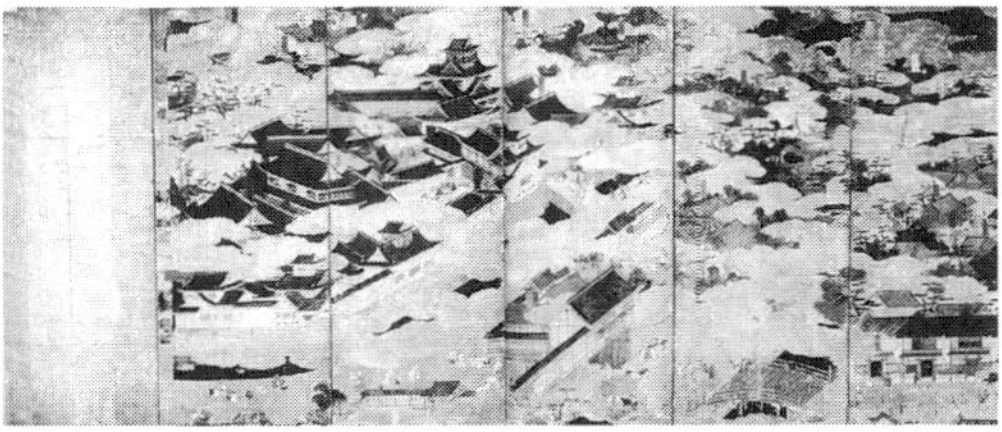
『聚楽第図屛風』。秀吉の聚楽第を描いた図の中にソテツが見える。

『扇面南蛮寺図』。ソテツは宣教師によって植民地からもたらされた。

なお、先にも述べたが、この聚楽第を描いた『聚楽第図屛風』には輸入品のソテツが植えられている。このソテツの日本における初見は、一五八七年に破壊された京都のキリスト教会を描いた『扇面南蛮寺図』に描かれたものであり、ソテツは宣教師が植民地からもたらしたものとみてよいだろう。

この聚楽第を移築したと伝えられる本願寺飛雲閣には「黄鶴台《こうかくだい》」と呼ばれるサウナがある上、筆者は飛雲閣の書院と同じく、秀吉の伏見城を移建したと伝えられる本願寺白書院に、同時代西欧建築において大流行したパースペクティヴの手法を指摘したことがある。

秀吉は一五九八年に没するのだが、死の二週間前に宣教師ジョアン・ロドリゲスを自分の枕元に呼んで「もはや再びあなたに会うことはない」と感謝を述べ贈り物をしているほどであり、キリシタン禁令こそ出したものの、それはスペイン・ポルトガルの日本征服計画が見え隠れしていることに気づいたからで、本心は西欧との文化交渉を望んでいたとみられる。このような西欧好きの秀吉が着手した醍醐寺三宝院であるからこそ、秀吉の死後も、彼の好みに合わせて、庭園に花壇やソテツが用いられたのであろう。

なお、これら花壇やソテツの作庭を行なった庭師を『義演准后日記』では「与四郎」という人物であるとしている。同記録一六一五年九月三日の条では、この与四郎について「院御所勅定ニテ賢庭ト云天下一ノ上手也、度々召寄石立様非凡慮奇特奇特」と記し、寛永度内裏や寛永度仙洞御所における傑出した働きによって、後陽成天皇からじきじきに「賢庭」の名を賜ったものであることがわかる。この賢庭の活躍については、後に詳しく触れることにしよう。

## 秀吉の死期と花見

思えば、秀吉は花見が大好きであった。一五九七年の醍醐の花見の前にも、しばしば花見の宴を開いている。一五七八年には、有名な北野大茶湯を京都北野神社で催したが、茶会というよりは、北野の桜見物に重点が置かれたものであった。また一五八八年、後に詳しく述べる龍安寺を家臣六名と共に訪れ、しだれ桜の花見に興じている。さらに大坂城にも桜の馬場をつくり、大手門を「桜門」と命名し多数の侍女と花見をしたという。

一方、醍醐の花見の五年前の一五九四年、奈良の吉野で総勢五千人の花見を行なった。この時は、長雨に祟られ、苛立った秀吉は同行していた聖護院の僧・道澄に「雨が止まねば吉野山に火をかける」と伝えると、道澄はあわてて吉野全山の僧たちに晴天祈願を命じたという。すると三日間降り続いた雨がぴたりとやみ、秀吉も神仏の効験に感じ入ったといわれる。

その他、同年、秀吉は空海が開いた霊場、高野山、熊野でも花見を行なっている。また、秀吉がしばしば湯治に訪れた有馬温泉もしだれ桜の名所で、ここでも花見を楽しんだという。彼は死の二ヶ月前にも、最後の力をふりしぼって有馬の花見に訪れたのである。死期が近づくにつれ、吉野、高野山、醍醐、有馬と、秀吉は何かに取り憑かれたように花見に狂ったのである。身内の死が続き、自らの死をさとった秀吉は、果して桜に何を見ていたのだろうか。平安末期の花すなわち桜の歌人として有名な歌人、西行の次の歌がある。

願はくは　花のもとにて　春死なむ
　そのきさらぎの　望月《もちづき》のころ

桜がはらはらと舞い、散っていくその下で死にたい。一一九〇年二月十六日、西行はそう言い残して、桜ふぶきの下でいのち尽きた。

彼の死後、『新古今和歌集』には西行の歌が九十四首と最も多く入集された。注目すべきは、彼は咲きとどまる花ではなく、散る花ばかりを詠んだことである。散らない花は花ではない。ここに、晩年の秀吉の花見の意味が見え隠れしているのではないか。

死期をさとった秀吉は、もしかしたら西行と同じ心境だったのかもしれない。

# 醍醐寺
# 三宝院

***data***

**成り立ち**

1115（永久3）年、醍醐寺第14世座主勝覚僧正の創建。その後、座主の住房とされていた金剛輪院に名称がうつされ、現在に至る。

**見　所**

特別史跡、特別名勝に指定されている庭園は、1598（慶長3）年、豊臣秀吉が「醍醐の花見」に際し、庭奉行竹田梅松軒等に命じて築庭させた。この庭園は、実際にその中を徘徊して楽しめる、回遊式庭園でありながら建物の中から鑑賞する設計となっている。

**アクセス**

地下鉄東西線「醍醐」駅下車、徒歩10分

京阪バス「醍醐三宝院」下車すぐ

**拝　観**

9:00〜17:00（3月から12月第一日曜日まで）

9:00〜16:00（12月第一日曜日の翌日から2月まで）

**拝観料**

一般600円

中・高生300円

小学生以下無料

**駐車場**

あり（普通車150台、バス25台、料金／普通車700円、バス2000円）

**問い合わせ**

☎ 075-571-0002

**所　在**

京都市伏見区醍醐東大路町22

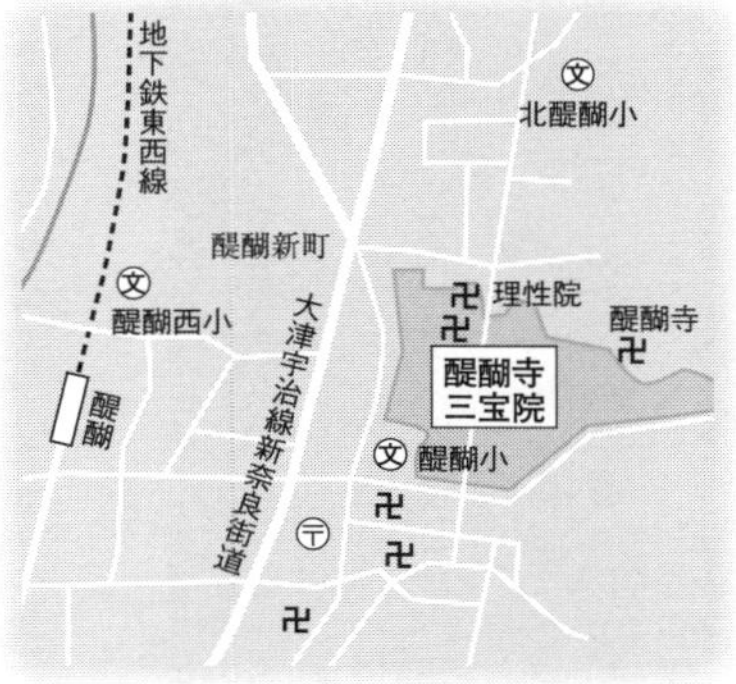

## 2　西本願寺

### 秀吉と本願寺の浅からぬ関係

西本願寺は、桃山時代、一向宗の本拠として京都に造られた寺院であり、現在世界遺産に登録されている。中世より近世にかけて、農民を組織して一向一揆を起こし、武士を悩ませ続けたのが一向宗（浄土真宗）本願寺派である。

現在、本願寺派はJR京都駅前に左右、西本願寺と東本願寺に分かれて巨大な伽藍を構えるが、これは後に述べるように徳川家康が、ある陰謀のために分裂させたものであり、もとは西本願寺を単に「本願寺」と呼んだ。

戦国時代には門主・蓮如《れんにょ》が現在の大阪城公園の地に石山本願寺を造って本拠とした。蓮如が門徒へ送った手紙「御文《おふみ》」を見ると、石山本願寺へ昇る坂を「大坂」と史上初めて名付けたことが記され、これが現在の「大阪」という地名の語源となったことがわかる。しかし、権力者・織田信長は石山本願寺の地を欲して約十一年に及ぶ攻撃を行ない、ついに本願寺は撤退を余儀なくされた。

信長が本能寺の変で非業の死を遂げ、豊臣秀吉が天下人となると、秀吉は一五八三年、石山本願寺のあった地に大坂城を構えるため、大坂入りしている。この大坂入りは、単に居城を建てるためだけでなく、大坂に遷都するためとみられ、一五八三年の宣教師の報告には「都の王（?・）《原文ママ》なる内裏及び都の寺院をここに移さんとしている」とある。また一五八三年付の秀吉の手紙にも「来春は京都をも大坂に引き取るべき候」と記され、天満中島に皇居のための土地まで用意していた。

しかし、この遷都計画は未遂に終わり、結局秀吉は、京都へ戻って政庁聚楽第を建てたわけである。秀吉の辞世の下の句「なにわのこともゆめの又ゆめ」というのは、大坂遷都計画が夢に終わったことを惜しんだものだろう。

興味深いのは、皇居予定地として二年間温存してあった大坂城に接する最も優れた土地を、秀吉は一五八五年、本願寺にあっさり与えていることであろう。ここに本願寺と秀吉の浅からぬ関係がみてとれるのである。

秀吉の主君、織田信長は、本願寺を嫌い、一五七四年には長島の一向一揆を滅ぼしたし、その翌年も越前の一向一揆を鎮圧、前述の石山本願寺攻めでも焼き打ちにしている。信長が造った将軍邸の石垣の中にも、本願寺の本尊阿弥陀石仏が大量に混っていたといわれる。また信長の居城安土城の大手筋の階段にも阿弥陀石仏が仰向けに埋め込まれ、家臣に踏みつけにさせたといい、信長の本願寺への嫌悪が露骨にあらわれている。

しかし、秀吉はといえば本願寺を折に触れて保護し、他の宗派に比べ明らかに本願寺を優遇しているのである。例えば前述の大坂城の皇居予定地を本願寺に与えた際は、建設の際、秀吉自ら指揮をとり、税も免除して手厚く扱っている。また秀吉初の居城長浜城では、最も重要な大手門の土地を本願寺派大通寺に与え、寺の参道を中心に城下町を構成している。さらに京都の都市改造の際も、ほとんどの寺院を寺町に強制的に移転させたのに対し、本願寺のみ除外されているのである。

一五九一年、秀吉は本願寺門主・顕如《けんによ》に、

下鳥羽より下、淀より上の間、何れの所なりとも御好次第

と京都の中でほぼ自由に土地を選ばせ、現在の西本願寺の敷地を与えた。なぜ顕如がこの場所を選んだかについては、次章で述べるが、秀吉が一貫して本願寺を保護したことは明らかである。

西本願寺対面所。応接間とでも呼ぶべき場所。

虎渓の庭。秀吉の影が見え隠れする。

## 秀吉ゆかりの遺構であるか否か

このような秀吉と本願寺のかかわりから、西本願寺には秀吉ゆかりの遺構と伝えられるものが数多い。国宝に指定された飛雲閣や能舞台、虎渓の庭は、聚楽第の遺構といわれる。また国宝の唐門や同じく国宝に指定された書院は、秀吉の伏見城の遺構であると伝えられている。しかし、近年研究者の間では、それらの伝説の多くが否定されつつある。

西本願寺の応接間とでも呼ぶべき場所が、対面所であり、それに面する庭園が虎渓の庭である。対面所は、書院の一部として伏見城の遺構といわれてきたが、本願寺は一六一七年に全焼しており矛盾がある。また一九五九年の半解体修理の結果、以下の点が明らかとなり、伝説が否定的となった。

1　移建の際、必ず残る解体、組立ての跡がない。

2　対面所は柱番付（部材に書き込む数字）から創建当初と向きが九十度異なる。

これらの事実と本願寺の史料から、一六三三年の御影《おかげ》堂建立の際に、一六一七年の火災の後に建てられた仮宮の建物を九十度向きを変えて引き戻されたものというのが現在の学界の定説となっている（『日本建築史基礎資料集成17』）。また、藤岡通夫氏も対面所に徳川家の葵紋が使われていることから、一六三四年の将軍家光の上洛にあわせて造営したものとして、伏見城からの移建を否定している。このように対面所の伝説が否定されたことから、当然建築の後に造られるその庭園である虎渓の庭の聚楽第遺構説も否定されて今日に至っているのである。

しかし、ここではあえて反論を試みたいと思う。まず対面所について、前述の醍醐寺三宝院表書院と同様、その奥行き方向の柱間の間隔を観察すると、縁側から上段の間まで順に二間、二間、一・五間、一・五間と減少しており、上段の間に座する門主をアイポイント（目印）とすると、まだ完全ではないが、三宝院表書院の項で触れたパースペクティヴの手法となっていることがわかる。しかも、対面所中央を横切る欄間が透かし彫りになっているために、パースペクティヴの効果がさらに強調されていることに気付く。

このような奥行き方向の柱間減少による遠近感の強調は、前述の通り同時代ヨーロッパ教会建築特有の意匠であったことはいうまでもない。

西本願寺の欄間。透かし彫りになっており、遠近法が強調される。

一五七九年に来日したイエズス会のヴァリニャーノが定めた、日本にキリスト教会を建てる際の方針には、日本建築のように横幅を広くせず奥行きを深くするとあり、また教会の両側には座敷を設けよと記されている。この方針を実現すると、対面所のような空間になるといったら過言だろうか。左右対称の間取りは何もこの対面所に限ったことではなく、本願寺系寺院特有の特徴である。しかしここで特記したいのは、なぜ本願寺門主のための総本山の対面所のみ、門主の座する上段直前の柱間に限って、構造的混乱という危険を冒してまで縮めなければならなかったかという点である。

このようなパースペクティヴの発芽の兆しは、すでに秀吉の聚楽第の大広間に見られ、古図を見ると上段の間から順に二間、三

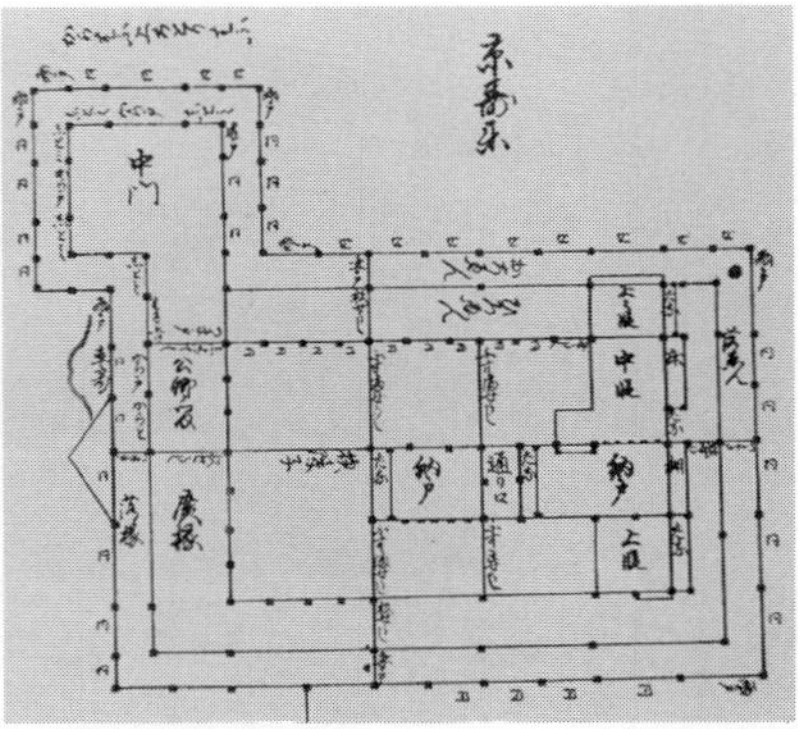

聚楽第大広間平面図。パースペクティヴの手法が見える。

間、三間、四間と対面所と同様、不完全ながら柱間が増加しており、これらの類似から西欧好きであった秀吉と本願寺の浅からぬ関係がみてとれるのである。

一方、対面所の庭園である虎渓の庭の最大の特徴は、秀吉の聚楽第や醍醐寺三宝院にも植えられたソテツがあることである。このソテツの初見が京都のキリスト教会であったことはすでに触れた通りである。このソテツは、後に取り上げる桂離宮にもあるが、桂離宮を創建した八条《はちじょう》宮《のみや》智仁《としひと》親王《しんのう》は一時秀吉の養子であった。この智仁―秀吉―本願寺の縁から、一六四〇年、本願寺門主・良如《りょうにょ》に智仁の娘・梅宮が嫁いで親戚関係になっている。ここにもやはり秀吉のソテツコネクションとでもいうべき関係をうかがうことができる。さらに、「虎渓の庭」という名称は、秀吉の側近であった僧・古渓宗陳《こけいそうちん》から命名されたといわれ、ここにも秀吉の影が見え隠れしているのである。

このように見てくると、対面所や虎渓の庭が秀吉ゆかりの遺構であるという可能性は、未だ残されているようにみえる。今後の新史料の発見が期待されるのである。

## 謎のベールと伝説

それでは、飛雲閣《ひうんかく》とその庭園である滴翠園《てきすいえん》はどうか。西本願寺には、秀吉の聚楽第の遺構であると古来伝えられてきた。

聚楽第の遺構と伝えられてきた飛雲閣。

しかし、元来本願寺はその伽藍の中に「亭」と呼ばれる建物を構える習慣があって、山科本願寺や石山本願寺、大谷本願寺など、ほぼすべてに亭があったといわれる。遊興だけではなく仏事にも用いられ、阿弥陀堂や大師堂と並んで重視されていたという。現に飛雲閣も江戸時代から仏事に使用されており、現西本願寺の亭として新築された可能性がある。

飛雲閣の史料上の初見は、本願寺が現在の地に移った翌年一五九二年にすでにあらわれる。しかし、一六一七年には寺が「一宇も残さず」火災で焼失したとも記され、もし亭として新築したならば、現在の建物はそれ以後の再建によるものとみられるが、未だ再建を示す史料はみつかっていない。

一方、伝説では一五九五年の聚楽第の破壊のときに移建されたものというが、そうだとしたら、一五九二年に存在した飛雲閣以後の移建となってしまう上、一六一七年の火災を免れたことになり、矛盾が多い。

ここで注目したいのは、聚楽第の破壊は伏見城の造営と同時に秀吉自ら行なったということである。すなわち、聚楽第の破壊というよりは、むしろ聚楽第から伏見城への移築といった方が正しく、数多くの建物が伏見に移建されたことが史料に記されている。そのために、伏見城は異例の十ヶ月という早さで完成したのである。そして重要なのは、一五九七年、伏見城に「舟入学問所」と呼ばれる建物が移建されたことが史料に認められることである。飛雲閣は舟入りの間と呼ばれる舟から直接建物に入るしくみをもつ唯一の現存する茶亭であり、舟入学問所とは飛雲閣を指す可能性が濃厚である。

聚楽第を描いた『聚楽第図屛風』（115P）と呼ばれる絵図を見ると、なんと池に面して飛雲閣に酷似した三層の茶亭が描かれていることがわかる。つまり、聚楽第にあった三層の茶亭が「舟入学問所」としていったん伏見城に移建され、その後西本願寺に移建されたと推理することができなくはない。しかし、秀吉の伏見城は徳川の手によって一六〇〇年に焼失しており、現在の飛雲閣には容易に結びつかず、未だ謎のベールに包まれたままなのである。

ところで、この飛雲閣の書院にも前述の対面所と同様、聚楽第や醍醐寺三宝院表書院などの秀吉の遺構独特のパースペクティヴの手法がみられる。すなわち、下座から上段の間に向かって四間、二・五間、一・五間と等比数列で減少しており、遠近感が強調されているのである。こうした柱間減少による遠近感の強調は、同時代ヨーロッパの教会建築特有の手法であり、西欧好きな秀吉によって導入されたことはいうまでもない。

また飛雲閣には黄鶴台と呼ばれるサウナがあるが、これも西欧好きの秀吉の遺構にふさわしいものである。さらに滴翠園へと目を移すと、キリシタン灯籠と呼ばれる竿が十字架型の石灯籠があり、やはり秀吉らしい遺物である。対面所や虎渓の庭同様、こうした秀吉の好んだ西欧意匠が飛雲閣や滴翠園にも散見でき、未だ秀吉の遺構であるという伝説は生きているといえよう。

なお、秀吉建築独特のパースペクティヴは対面所や飛雲閣のみならず、同じく秀吉の遺構といわれる西本願寺の南北にある二つの能舞台の「橋掛り」にも指摘でき、舞台に対して橋が斜めに架けられている上、床を斜路にして三次元的にも遠近感が強調されている。史料によると、ギリシャのホメロスの叙事詩『ユリシーズ』の影響を受けた『百合若大臣《ゆりわかだいじん》』がここで演じられたという。

前述の『聚楽第図屏風』を見てもう一つ興味深いのは、飛雲閣の隣りに能舞台が描かれていることである。秀吉の能好きは有名で、一五九三年には自ら後陽成天皇の前で六番も能を舞って見せたという。よってこの聚楽第の能舞台が、飛雲閣について推理したように、いったん伏見城に移されてから再び本願寺に移建された可能性は否定できないのである。

一五九二年に九州・天草で出版されたキリスト教のテキスト『ドチリナ・キリシタン』を見ると、宣教師たちはその中で盛んに本願寺門主・蓮如の「御文」の言葉を真似て「デウスおん助けたまへ、と頼む」という蓮如独特の言い回しを好んで用いている。つまり、キリスト教布教に、当時最大の規模を誇った本願寺の布教テクニックを応用しようとしたのである。

西本願寺北能舞台、橋掛り外観。秀吉は能好きだった。

反対に、当時全国二百箇所にも及んだというキリスト教会の意匠を本願寺に応用したとしても不自然ではなかっただろう。それほどに当時の宗教事情は熾烈を極めていたに違いない。

## 西本願寺

*data*

### 成り立ち

浄土真宗本願寺派の本山。親鸞聖人の廟を東山大谷に建てたのが始まり。1591（天正19）年、豊臣秀吉の寄進により現在地に移る。

### 見　所

1617（元和3）年の火災で諸堂を焼失したが、伏見城や聚楽第から秀吉ゆかりの建造物が移築され、華麗な桃山文化を偲ばせる。唐門、日本最古の北能舞台、白書院、黒書院、飛雲閣（いずれも国宝）の建築物は、桃山文化の粋を今に伝える。

### アクセス

JR「京都」駅中央口下車、徒歩15分
市バス「西本願寺前」下車すぐ

### 拝　観

5:30〜17:30（5月〜8月は〜18:00、11月〜2月は6:00〜17:00）、書院参観10:45、14:45の2回（申し込み制、往復はがき）

### 拝観料

境内無料（書院参観は要予約、志納）

### 駐車場

あり

### 問い合わせ

☎ 075-371-5181

### 所　在

京都市下京区堀川通花屋町下ル

# 第六章　秀吉神格化の阻止と徳川家康

## 1　西本願寺と秀吉の神格化

### 本願寺保護の本心

前章で詳しく観察したように、豊臣秀吉は本願寺を終始保護し続けた。歴代の武将を手こずらせた一向宗本願寺をあえて保護した背景には、いったいどんな目的があったのだろうか。

この本願寺門徒の信仰対象は、阿弥陀如来である。中世以降、本願寺門徒であるなしにかかわらず、阿弥陀如来信仰は広く流布し、本願寺・蓮如と親交のあった医者が「自分は現世では伊勢神宮を信仰する。しかし来世については蓮如に帰依する」と語ったという逸話もある。通常信仰している神仏が何であれ、死後の冥福は阿弥陀如来に頼むという観念はごく普通にみられた。

戦国時代、常に死と隣り合わせの状況の中で、当時の人々が死後の浄土往生を願う気持ちは、現代人の想像を絶するものであったに違いない。そして、秀吉もその例外ではなかった。浄土往生を願う本願寺の阿弥陀如来に深く帰依したことは、彼が「不死身」にこだわって伏見に移ったことからも容易に想像できよう。秀吉が本願寺を保護した本心には、このような

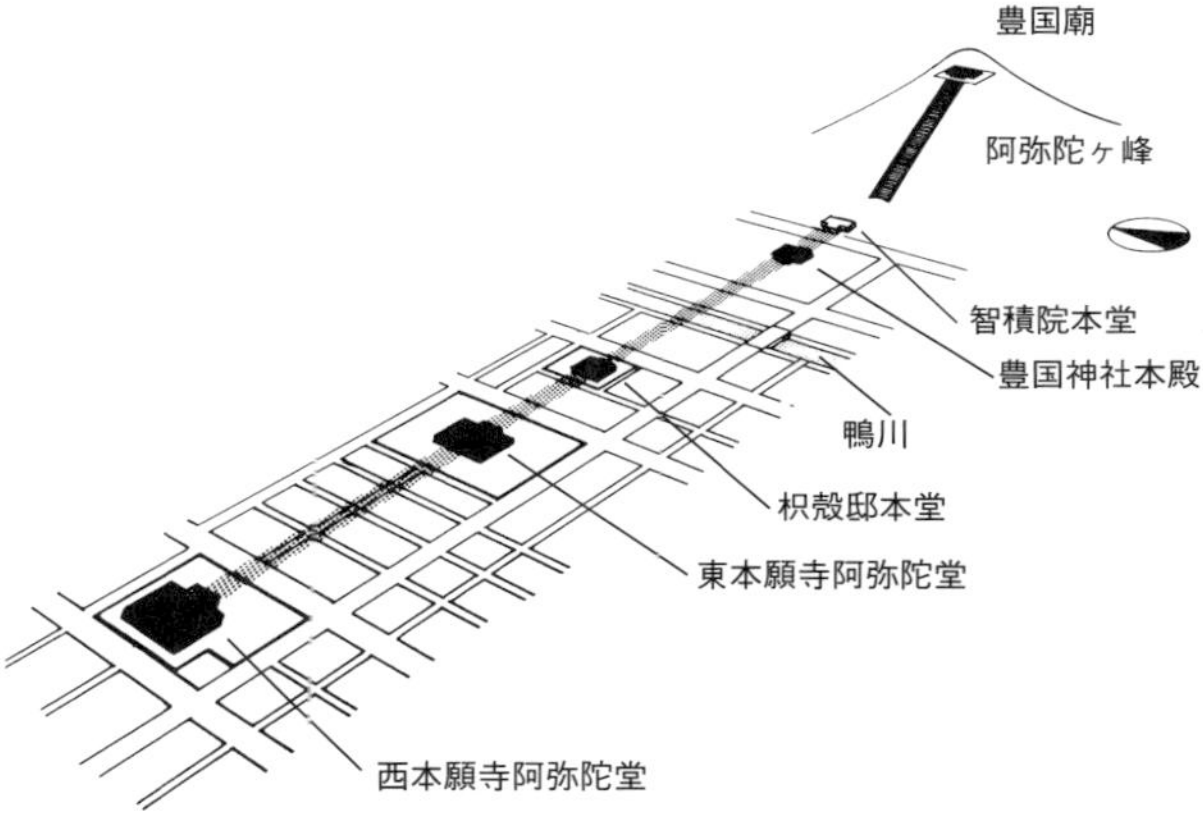


秀吉再生の概念図。豊国廟から西本願寺までが一直線上に。

背景があったと考えられるのである。

## 東から西へ一直線に並ぶ秀吉の遺構

一五九八（慶長三）年豊臣秀吉は六十三歳で伏見城にて死去し、遺言により京都阿弥陀ヶ峰《あみだがみね》山頂に埋葬された。

そして翌一五九九年には山腹に豊国大明神として豊国廟が祀られた。地図上で調べてみると、秀吉の霊廟「豊国廟」は、阿弥陀如来の霊力によって守られた京都東山の「阿弥陀ヶ峰」の山頂に祀られており、しかも西向きに建てられている。また、その西麓には秀吉を神として祀る豊国神社があり、さらにその真西には、秀吉が保護した西本願寺が位置しているのである。この西本願寺の本尊の阿弥陀如来像が、西向きに祀られていることにも注目したい。

ここで、これらの秀吉ゆかりの遺構の配置をみると、阿弥陀ヶ峰の豊国廟、秀吉を神として祀る豊国神社、西本願寺が正確に東から西へ一直線上に並んでいることがわかる。

内藤正敏氏によれば、秀吉の死後の魂は、西方浄土の阿弥陀如来のもとに赴くと同時に、東の阿弥陀ヶ峰において豊国大明神として再生するというしくみになっているのである。

現在の西本願寺の敷地は、前章で述べた通り、秀吉が京都の中から本願寺に自由に選ばせたものであり、おそらく、その時点で秀吉を阿弥陀ヶ峰に神として祀ることが計画されていたのであろう。

### 徳川家康に受け継がれた秘儀

こうした秀吉の東西線による神への再生の秘儀は、その後天下人となった徳川家康に受け継がれる。

一六一六年、死の床に就いた家康は、『本光国師日記《ほんこうこくしにっき》』によれば「わが命が終わったら、遺骸は久能山《くのうざん》に納めて神にまつり、葬礼は増上寺《ぞうじょうじ》にて行ない、三河の大樹寺《だいじゅじ》に位牌を立て、一周忌も過ぎた頃、日光に小さい堂を建ててわが霊を勧請《かんじょう》せよ。関東八州《はっしゅう》の鎮守《ちんじゅ》となろ

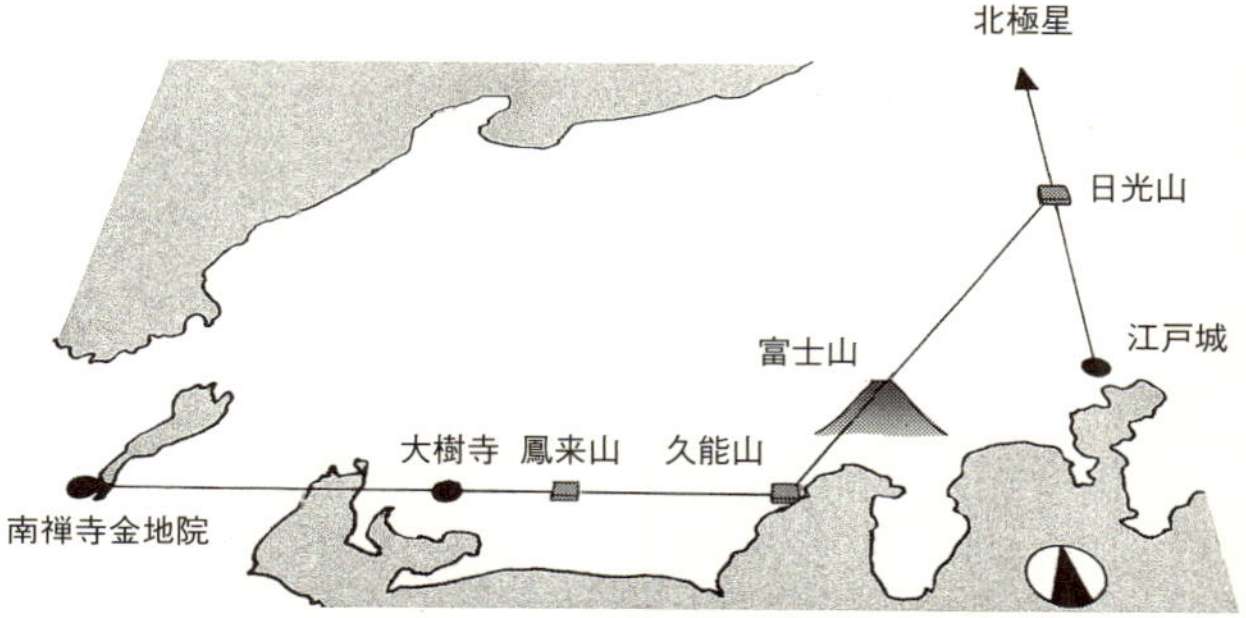


家康遺構と東西線。秀吉から受け継がれた神への再生の秘儀。

う」と遺言し、死後この遺言の通りに祀られた。

家康は遺言に際して、久能山について「神像を西にして安置」するように命じているが、これは「西国鎮護」の目的と説明されている。そのため、久能山の奥社宝塔《おくしゃほうとう》も西面して立てられたと伝えられているが、このような家康の西へのこだわりには、もっと深い理由が隠されていたのである。ここで家康に縁の深い諸地域の配置関係を見てみよう。

まず地図上で、久能山から真っすぐ西へ（ほぼ北緯三十五度）線を引いていくと、その線上に家康の生母・於大《おだいの》方《かた》が子授けの祈願を行なった鳳来山《ほうらいさん》（愛知県鳳林町）、そして家康の生誕の土地である愛知県岡崎市の大樹寺を通過し、さらには家康の側近崇伝《すうでん》の南禅寺金地院《なんぜんじこんちいん》へと達するのである。

この金地院には、ここで小堂を営めという家康の遺言にしたがって、一六三六年、東照宮が建立されている。また、

南禅寺金地院。ここにも東照宮が造られた。

大樹寺についても家康が位牌を建てよと遺言しているため、一六四四年、それに従い東照宮が建てられた。さらに、鳳来山にも、一六五一年、東照宮が造られているのである。

　つまり、埋葬の地、出生祈願の地、出生の地が一直線に並んでいる上、それらすべてに東照宮が造られていることになる。さらに、その線は京都に達して、家康の遺言にあった「西国鎮護」という、神像を西面させる理由とも見事に合致するのだ。そして、この線は、ほぼ東西に引かれており、秀吉の神への再生のための秘儀とほぼ同様の東西線となっていることがわかる。

　この家康の神への再生の秘儀を実行に移したのは、吉田神道家の吉田《よしだ》梵舜《ぼんしゅん》という人物であり、家康は生前この梵舜から「神道伝授」という学位を受けるほど神道について学んでいる。実は、この梵舜こそが、秀吉を祀る豊国神社の祠官であり、あの秀吉の神への再生の秘儀を行なった人物であった。秀吉の死後、梵舜は家康の側近となり、梵舜を通じて家康はその秘儀を知り、自らも同様に神になることを望んだのであった。

## 2　秀吉神格化の阻止

### 徹底的に破壊された豊国廟

このように、家康は自らの神格化のために、秀吉の神格化の秘儀を取り入れただけではなく、さらに秀吉を祀る豊国神社を徹底的に壊した。一六一五年五月八日、難攻不落と称えられていた大坂城は落城し、秀吉の実子秀頼《ひでより》とその母淀殿《よどどの》も自害して果て、豊臣家は滅亡してしまう。そして早速家康は、豊国神社の破却を命じている。

『徳川実紀』や『義演准后日記』によれば、秀吉の墓は掘り起こされ、阿弥陀ヶ峰から方広寺大仏殿の裏に移し、秀吉の神号は剥奪されて、以降、神ではなくただの人として仏教により供養されることになったという。また、方広寺大仏殿は以後、天台宗系の寺院妙法院の地となったことがわかる。

ちなみに、豊国廟は明治時代に発掘されており、湯本文彦氏によれば、豊国廟の建て直しの工事の際、秀吉らしき遺体を納めた壺が出土したという（『史学雑誌』明治三十九年一月号所収「豊太閤改葬始末」)。まず経瓦が出土し、その下から二個の小壺があらわれ、またその下に平たい石があり、さらにその下から遺体を入れた壺が出てきたという。遺体は腕を組み、あぐらをかいた「屈葬」のかたちで西を向いていたというのだ。

ところが、ここで問題となるのは、遺体を納めていた壺が「ひねりつち」と彫り込まれた素焼の粗末な茶壺であった点である。もしこれが当初の埋葬品であるとすると、当然秀吉にふさわしい豪華なひつぎでなければならない。また、屈葬というのは、一般的な身分の者の葬り方であり、秀吉であれば、横に寝かしたかたちで石棺あるいは木棺に納められるべきである。

現に、この発掘の際、土中に玄室が発見され、そこから木棺の破片が見つかったといわれ、やはりこれは徳川家康によって一度改葬された可能性を十分示していると思われる。しかも秀吉の神への再生を目的とした当初の埋葬の場合、遺体は日の出づる東向きに葬られるのが当然であり、西向きに遺体を埋葬したのも、神への再生を阻止する行為に等しい。

## 神格化阻止と智積院

一方、家康は、一見みえないところで、さらなる豊国廟の破壊工作を行なったふしがある。

すなわち阿弥陀ヶ峰の豊国廟と西本願寺を結ぶ直線上に、家康は二つの寺院を建立していることである。その一つは、反豊臣の宗教勢力ともいえる智積院。この智積院こそ、秀吉が行なった有名な根来《ねごろ》征伐で焼き討ちにされた根来大伝法院の一院だったのである。

智積院庭園。迫力ある大胆な風景に桃山時代の名残りが。

根来寺というのは、真言宗新義派の本山で二百余の僧院を持つ上、僧兵として活動する集団であった。その数二万人余、まさに一大寺院勢力であり、四国の長宗我部元親や徳川家康としめしあわせ、秀吉の大坂を攻めようと画策していたう。そこで秀吉は、一五八五年、十万の大軍を従えて根来征伐を行ない、寺は大伝法院のみを残して全山焼失した。家康はこのように秀吉に滅ぼされた宗派の寺を、なんと秀吉遺跡配置軸上に土地を与えて建てさせたのである。しかも、その土地は、わずか三歳で夭折した秀吉の後継ぎ、鶴松の菩提を弔うために建てられた祥雲寺の場所であり、当然その建物や庭もそのまま受け継がれたのである。

現在、智積院には、桃山時代を代表する絵師のひとりであ

智積院の障壁画。すべて国宝に指定されている。

る長谷川等伯一門の描いた多数の障壁画が現存する。これらはすべて国宝に指定されているが、すべて祥雲寺の遺品なのである。

それでは庭園はどうだろうか。智積院の庭園は、寺伝では住持第七世運敞僧正の作庭によるものと伝えられている。しかし、智積院は一六八二年に火災にあっており、一七二七年に大書院が完成したことから、寺伝はその際の庭の修復を示しているのではないだろうか。というのも、現在の庭園を詳細に観察してみると、焼けた石が散見でき、これらの石組は、祥雲寺時代の遺構であるとまずみてよいだろう。

書院の前に池が掘られ、その背後に高々と石組を施し、滝を設けて渓谷の迫力ある風景を造り出すことに成功している。また石組に刈り込んだ植栽を施しているが、中でも石橋付近の大刈込みの大胆さは圧倒的である。こうしたこの庭のもつダイナミックさにこそ、豪放な桃山時代の名残りがあるように思われるのである。

### 秘儀を家康の神葬に取り込む

家康は、秀吉遺構配置軸上に智積院に次いでさらに東本願寺を建てさせている。顕如の死後、秀吉の庇護を得た三男・准如がその跡を継いだが、一方家康に接近した長男・教如との間に相続争いを生じる。一六〇二（慶長七）年、これをチャンスとばかりに、家康は教如にも七条烏丸に寺域を与えた上、准如と同じ十二世を名乗らせ、東本願寺を分立させてしまったのである。

これをさして、当時天台宗に次いで巨大な勢力であった浄土真宗の本拠・本願寺の力を分断するために、教如に土地を与えたといわれるが、目的はそれだけではなかった。内藤正敏氏によれば秀吉遺構配置軸上にその土地を与えることによって、その関係性を分断しようとしたというのである。

現に、東本願寺の諸堂の配置は、西本願寺と逆になっており、秀吉の再生を阻止するかたちとなっている。また、東本願寺の大師堂の桁行は、西本願寺の三十一間半に対し三十二間とし、門主を法王と呼ぶなどすべて異なり、畳の敷き方まで違うといわれる。

一方、『新撰増補京大絵図』（一六九一〈元禄四〉年、京都市歴史資料館蔵）等を見ると、東本願寺のさらに東側に、少し離れて「東本願寺隠居」と書かれている。これは家康の亡き後、三代将軍家光が東本願寺十三代宣如に与えた土地で、漢詩人石川丈山と共に築庭、隠居所としたものであり、渉成園（枳殻邸《きこくてい》）と呼ばれる。

そして、この隠居所についても、東本願寺と豊国社の間の、じつに秀吉遺構軸線上に位置していることがわかる。隠居所であれば、もっと郊外に営むのが一般的であるのにもかかわらず、家光はすかさず、秀吉遺構軸線上に土地を与えた。すなわち、これは東本願寺による秀吉の再生阻止をさらに強化する行為といわざるをえないのである。

このように、秀吉を神として祀るために施された配置計画を壊すことによって、秀吉を神の座から降す。そして、その秘儀を家康の神葬に取り込むことによって、東照大権現を栄えさせようとした可能性を示唆できるのである。

この渉成園、元来、平安時代に源　融《みなもとのとおる》が作庭した六条河原院の遺構であるともいわれるが定かではない。周辺に枳殻《からたち》の垣根を巡らしていたので「枳殻邸」の名がある。枳殻はアゲハ蝶が好むといわれ、初夏には蝶の乱舞が見られたという。ちなみに「渉成」は陶淵明の詩からとったものという。

東西に広大な印月池《いんげつち》が掘られ、池の中央には南北二つの中島が浮ぶ。北の島には「侵雪橋《しんせつきよう》」と呼ばれる反り橋が架かり、わずか二畳台目の小さな茶亭「縮遠亭《しゆくえんてい》」へと続いている。また、北側には「回棹廊《かいとうろう》」と呼ばれる屋根付きの橋が架かる。池の南には「閬風亭《ろうふうてい》」と茶亭「漱枕居《そうちんきよ》」、また「園林堂《おんりんどう》」と呼ばれる持仏堂、さらに北に「臨池亭《りんちてい》」と呼ばれる桂離宮の書院群に似た書院が建てられている。その他、「傍花閣《ぼうかかく》」と呼ばれる二階建ての楼閣があり、それぞれ庭園の好ましい添景となっている。

# 智積院

***data***

**成り立ち**

豊臣秀吉の建立した祥雲寺を1615(元和元)年、家康が寄進し智積院となる。祥雲寺から建物と障壁画、豊国社から堂宇と梵鐘を受け継いでいる。長谷川等伯をはじめ数多くの桃山時代の豪華な障壁画を見ることができる。

**見　所**

利休好みの庭として名高い中国の廬山をイメージした地泉回遊式庭園をもつ。寺内の収蔵庫には、安土・桃山時代の障壁画家である長谷川等伯とその一派による国宝障壁画の「楓図」「桜図」「松に秋草図」「雪松図」「松と葵の図」などがあり、拝観することができる。

**アクセス**

市バス「東山七条」下車すぐ
京阪本線「七条」駅下車、徒歩約10分

**拝　観**

9:00〜16:30

**拝観料**

一般　350円
高校生300円
中学生250円
小学生200円

**駐車場**

あり

**問い合わせ**

☎ 075-541-5363

**所　在**

京都市東山区東大路七条下ル東瓦町964

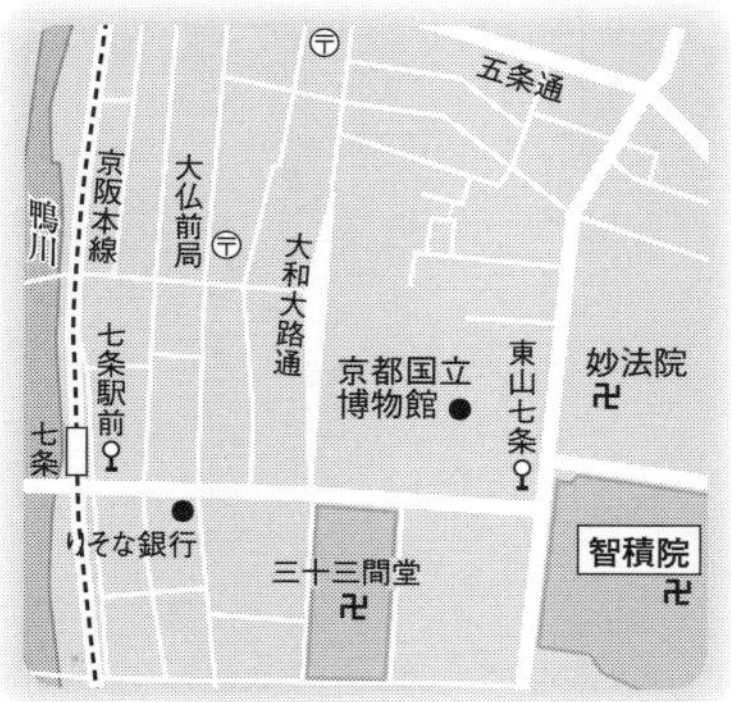

## 渉成園（枳殻邸）

*data*

**成り立ち**

平安時代初期（9世紀末）、嵯峨天皇の皇子左大臣源融が奥州塩釜の景を写して難波から海水を運ばせた六条河原院苑池の遺蹟と伝えられている。1653（承応2）年、本願寺第13代宣如上人の依頼によって石川丈山が作庭。

**見　所**

池水、石組は創始のころとほとんどかわることなく今日に至っている。1936（昭和11）年12月には、国の名勝に指定される。印月池から侵雪橋、縮遠亭を望む景観をはじめ、広い庭園内に咲く桜、楓、藤などが四季折々の景趣に富む。

**アクセス**

JR「京都」駅下車、徒歩約10分
市バス「烏丸七条」下車、徒歩約5分
京阪本線「七条」駅下車、徒歩約10分
地下鉄烏丸線「五条」駅下車、徒歩約7分

**問い合わせ**

☎ 075-371-9182

**所　在**

京都市下京区下珠数屋町通間之町東入ル東玉水町300

**拝　観**

9:00 ～ 16:00
（受付は15:30まで）

**拝観料**

無料（庭園維持管理寄付金志納）

**駐車場**

なし（東本願寺前に公営駐車場あり）

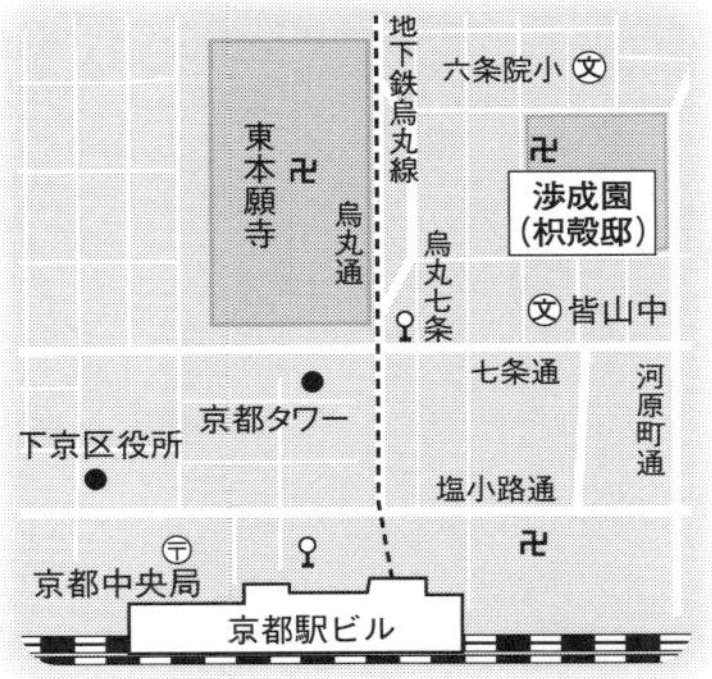

# 第七章　王権としての庭

## 1　神泉苑

### 京都のルーツ

京都は神泉苑《しんせんえん》から生まれた。そういわれても神泉苑の名は余り耳慣れないものかもしれない。しかし、「御池《おいけ》」といえば、京都の人なら誰でも知っているに違いない。単に御池と呼ばれ、古来親しまれてきた名園である。二条、三条といった京都洛中の大路の真ん中にあるのが御池通で、戦後は祇園祭りの山鉾《やまぼこ》巡行路となって一躍その名を高めた。

今から数万年前、現在の京都盆地は湖であったといわれる。いつしか水が干上がり、湖底として残ったのが、神泉苑ではないかと地質学者はいう。いわば神泉苑は京都の太古の湖水をとどめたルーツであるといえよう。京都の最古の自然的遺物である。

現在の京都の街のルーツは、いうまでもなく七九四年、桓武《かんむ》天皇が造った平安京である。桓武天皇は、都をひらいた六年後の八〇〇年には早くも神泉苑を訪ね、舟遊びに興じている。そのあとを継いだ平城天皇も数回行幸し、以後、代々の天皇も神泉苑にもうでることを恒例とした。『拾芥抄《しゆがいしよう》』には、神泉苑に乾臨閣《かんりんかく》と呼ばれる正殿があったと述べられ、また平安京を設計した建築家・巨勢金岡《こせのかなおか》がその庭の石組を造ったと述べられている。この他、釣殿、滝殿があり、貴族のための庭園形式である寝殿造系庭園であったことがわかる。

当時の規模も東は大宮、西は壬生《みぶ》、北は二条、南は三条に至る東西二町、南北四町という広大なもので、平安京大内裏の禁苑であった。

神泉苑。京都の最古の自然的遺物。

## 朝廷の権威をあらわす

一方、神泉苑は京都御所のちょうど裏鬼門（西南の方位のことで鬼門＝東北に次いで忌み嫌われる方位）にあたり、古くから儀式に用いられる神聖な場所とされてきた。京都で夏の入りに行なわれる祇園《ぎおん》祭は、もと「御霊会《ごりょうえ》」と呼ばれ、夏場に蔓延する疫病が怨霊の仕業とされたため、それを封じる目的をもっていた。神泉苑はその名の通り、泉の湧き出す庭であり、御所の裏鬼門にあたることから、泉から魑魅《ちみ》魍魎《もうりょう》が噴き出し疫病をもたらすと考えられ、従来は祇園祭の山車が神泉苑までやってきたという。

古図によれば、神泉苑はその様相を年代によって大きく変化させており、一一一七年頃の古図では泉は池の鬼門の大エノキの下から湧き出しているが、一四五七年の古図では、中島が拡大し、泉がなくなっていることがわかる。噴き出す泉の量によって庭園が時代により大きく変化し、まるで生きもののようであったのだろう。

平安京の鬼門の比叡山に延暦寺を建てさせて国家鎮護としたのも桓武天皇であったが、同様に神泉苑を裏鬼門の守護として、祇園祭とはまた別に朝廷の儀式に用いたといわれる。池中に善女竜王をまつって、祈雨の霊験をもって知られ、弘法大師空海が西寺の守敏《しゅびん》大徳と請雨法を修してその技を競い、守敏の呪力を破ったことはつとに有名である。京都を大干魃がおそうたびに祈雨の儀式が繰返し行なわれたのである。また、宮廷は春秋の儀式のみならず、特に重陽《ちょうよう》（九月九日）の節句に菊花を賞して群臣に賜宴が行なわれることを行事としていた。いわば、内裏とともに朝廷の権威をあらわす王権としての庭とでもいうべき場所であったことがわかる。現在は、当初の建物は一つも現存せず、後に述べるように、徳川家康がこの地に目をつけ、自らの居城である二条城の池庭に取り込んでしまったことから、規模も十分の一以下に縮小してしまっている。しかし、貴族のための庭園形式である寝殿造り系庭園の最古の遺構として極めて貴重な存在であるといってよい。

## 神泉苑

*data*

**成り立ち**

平安京造営の際に禁苑として造営された。当時は南北400メートル、東西200メートルに及ぶ広大な庭園で、皇族が舟遊びや狩猟を楽しんだが、鎌倉時代以降に荒廃。さらに家康の二条城築城で大部分を削られたが、明治になって真言宗の道場として再興された。

**見　所**

桓武天皇が初めて行幸して以来、歴代天皇の御遊地となり舟遊び、狩猟、詩歌管弦の宴などが繰り広げられた。毎年5月1〜4日まで神泉苑祭が行われ、壬生狂言に共通する神泉苑狂言という大念仏狂言が奉納される。

**アクセス**

京福嵐山本線「四条大宮」駅下車、徒歩10分
JR山陰本線「二条」駅下車、徒歩10分
地下鉄東西線「二条城前」駅下車、徒歩2分

**問い合わせ**

☎ 075-821-1466

**所　在**

京都市中京区御池通神泉苑町東入ル門前町166

**拝　観**

9:00 〜 日没まで

**拝観料**

境内自由

**駐車場**

なし（二条城前に公営駐車場あり）

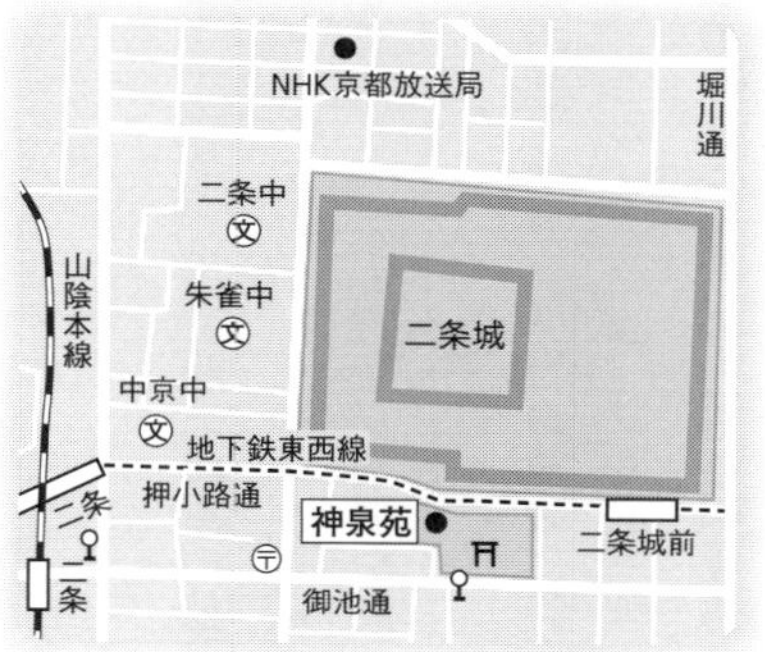

## 2　二条城

### 書院造系庭園の代表作

徳川家の京都の居城として一六〇六年に造営されたのが二条城である。中でも二の丸庭園は、一六二六年の後水尾院行幸のために増築されたもので、幕府作事奉行で将軍茶道指南でもあった小堀遠州が造営を担当した。

書院は、遠侍（大名・家臣の間）、大広間（将軍と対面する座敷）、黒書院（将軍の執務空間）、白書院（将軍の居間）が雁行《がんこう》型に配され、国宝に指定されている。その西南に広がる庭園は、後水尾院行幸の後に改築されたもので、当初は行幸御殿や中宮御殿、楽屋や能舞台、亭などが所狭しと並べられていた。

注目したいのは、池庭と書院の間に植えられたソテツであり、このソテツの植栽に対応して、蘇鉄の間が設けられている点である。いうまでもなく、このソテツは、第五章で触れた醍醐寺三宝院や西本願寺にも植えられていた。この二条城の作庭を遠州の指導下、担当したのが賢庭であり、醍醐寺三宝院のソテツも賢庭が植えたことから、彼の名刺がわりとなって

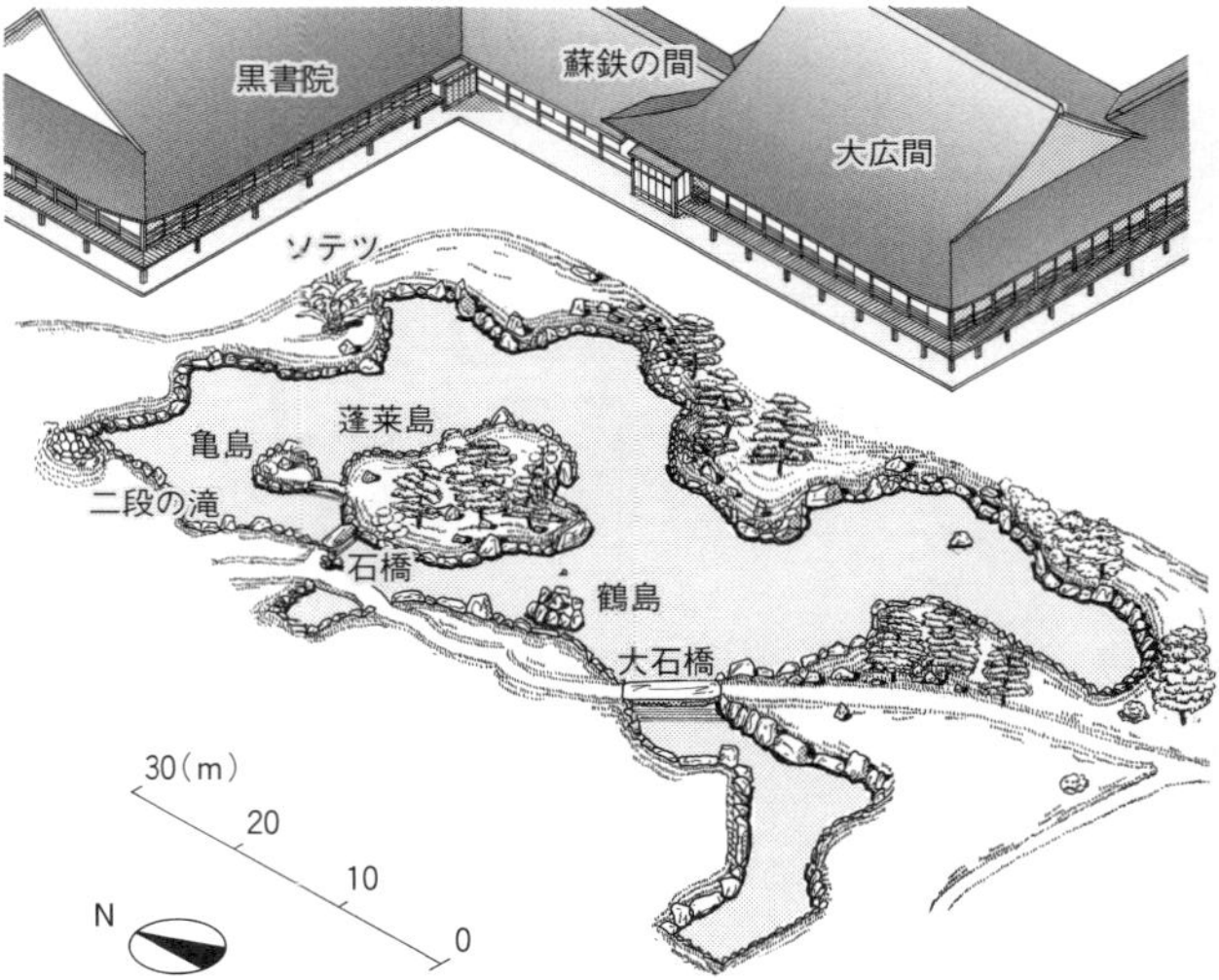


二条城二の丸庭園。徳川家の京都の居城。

いたことがわかる。

醍醐寺三宝院と並んで、書院造系庭園の代表作の一つとしてどちらも世界遺産に登録されているのである。

## 王権剥奪のための庭

二条城二の丸庭園について驚くべきは、その池がもと神泉苑の池の一部であったことである。しかも、二の丸庭園はもと天皇のための大内裏があった場所に重なって建てられているのだ。果して、徳川幕府がもと内裏の地に自らの居城を建て、さらには神泉苑を居城の池庭に取り込んだのは、偶然の一致だろうか。おそらくこれは偶然では

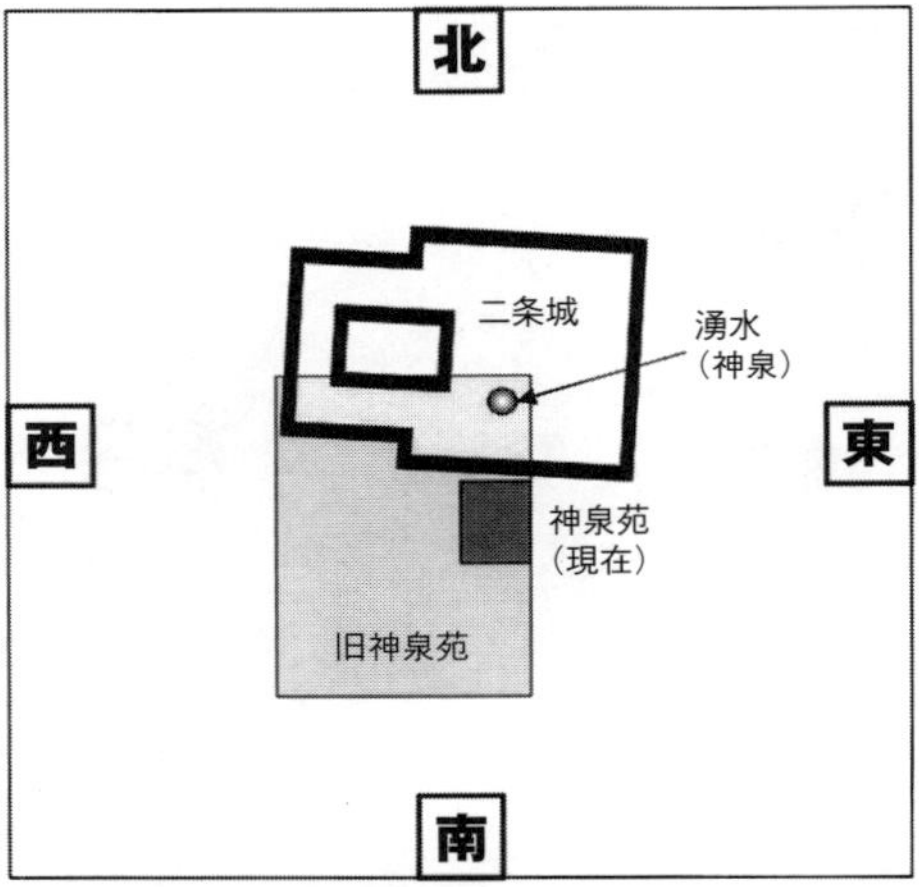

神泉苑と二条城の配置関係図。意味するものは何か。

なく、同時期幕府が朝廷の権威を剥奪するために行なった数々の工作の一環であったとみられる。

　江戸幕府が首都を京都から江戸へ移したのも、従来日本の政権をになってきた皇族や公家を政治から切りはなすためであったという。幕府は一六一三年に公家諸法度、一六一五年には禁中《きんちゅう》並《ならびに》公家諸法度などの条令を発布し、皇族や公家を政治から締め出し、学芸に専念させようとしている。また一六一四年には、徳川家康の孫娘・和子《まさこ》を後水尾院（天皇から上皇、法皇になる）の妃として押しつけ、徳川が天皇の外戚となろうとする「和子入《じゅ》内《だい》」が起きる。外戚となって王権をほしいままにしようとしたのであった。

　公家諸法度の発布された一六一三年、象徴的な事件が起きる。つまり徳川幕府による天皇の内裏造営において、それまで清涼殿の付属施設でしかなかった学問所が、ここで巨大な独立建築となったのであった。この行為は、皇族たちを学芸に専念させるという政策の具体的表現といえよう。翌一六一四年には、数世紀にわたって朝廷による政治を行なってきた紫宸《ししん》殿《でん》の庭に、幕府は芸能の場である能舞台を造ってしまう。政治権力を捨て、学芸に専念せよと告げられたわけである。

そして、これらの施設の設計者こそが、あの小堀遠州だったのである。そして遠州は、二条城二の丸庭園において、朝廷のいわば王権のシンボルとでもいうべき神泉苑と内裏を取り込むかたちで造営したのである。やはり、この行為も幕府による一連の朝廷権力剥奪を目的にしたといわざるをえないのだ。この二条城へ後水尾院を行幸させたのも、権威が剥奪されたことを周知させる目的をもっていたともとれるのである。

## 「三度のずれ」と最先端技術

なお、地図上で二条城全体の配置を見ると、興味深いことに気付かされる。京都の街の原形である平安京の規律正しい縦横の街路による街割に対し、二条城は約三度もずれて配されているのだ。

平安京は、北極星をもとに街割の方位が決定されたもので、その誤差は〇・一度以下とい

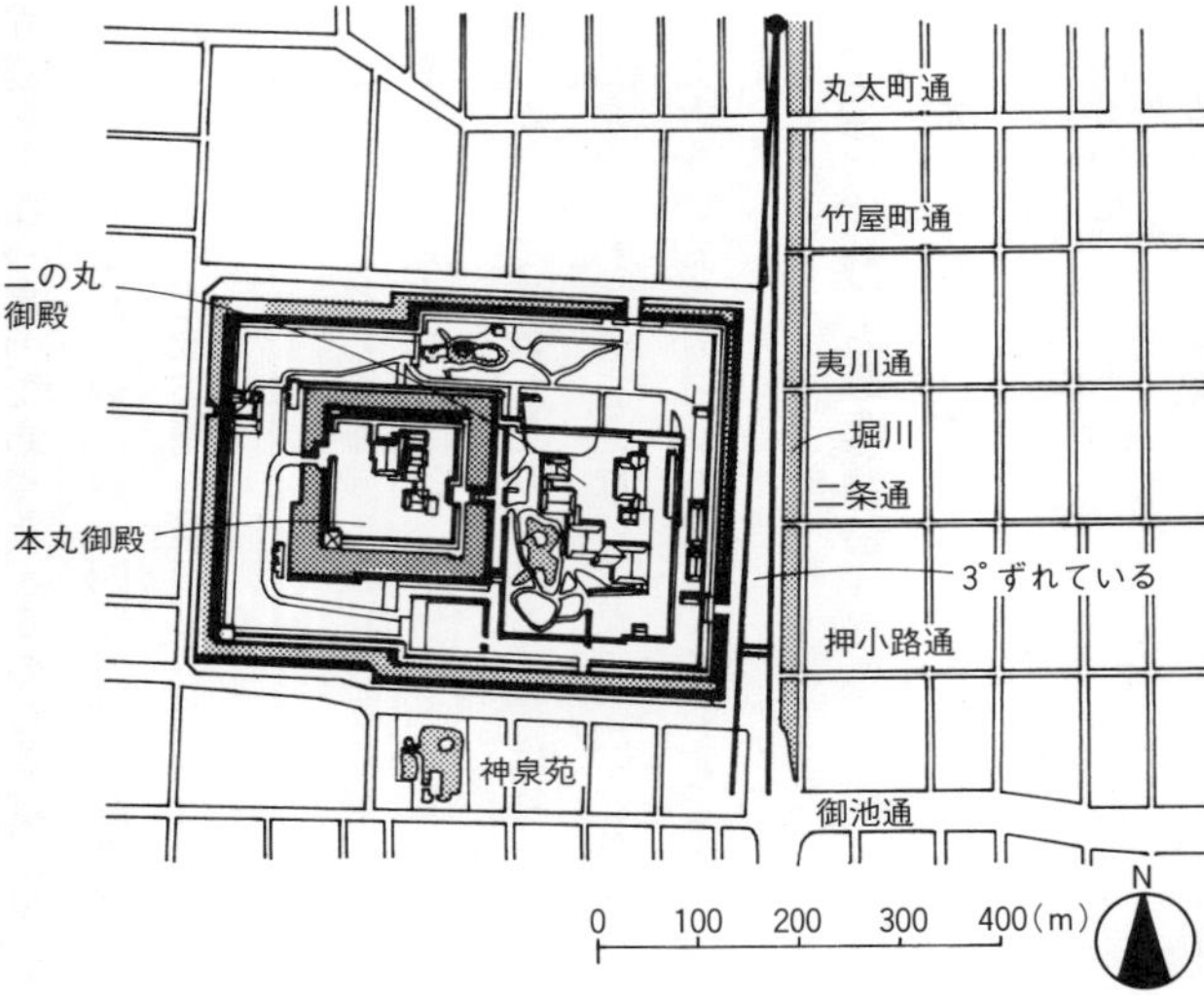


二条城配置図。三度のずれが生じたのは何故か。

われている。八世紀において、かなり高度な技術をもっていたことがわかる。それに対して、一六〇六年江戸幕府の威信をかけて造営された二条城は三度のずれが出来てしまったのは、いったいどうしてだろうか。というのも城の東の堀川通りを歩くと、北端と南端で明らかに道路の幅が異なっており、誰もが体験できるほどの大きな誤差なのである。

これはたぶん磁石（方位磁針）を用いて方位を決定したからではないかといわれている。磁石の指し示す方位は、毎年周期的に多少変化し、これを偏角と呼ぶ。二条城が造られた一六〇六年の偏角はやはり三度で、一致してずれていることが明らかとなる。

それでは、なぜあえて磁石を用いて配置を決定したのだろうか。

方位磁針は、十六世紀頃南蛮貿易の際、航海技術の一つとして日本にもたらされた当時の最先端技術であった。江戸幕府が総力をあげて造営する二条城には、やはりその権威を示すための最先端技術が必要であったに違いない。そこで、磁石を使って配置を行なったが、当時未だ偏角のことは知られていなかったため、三度ものずれが出来てしまったとみられるのである。

## 西欧手法のオンパレード

以上のような南蛮貿易でもたらされたソテツの植栽や磁石という西欧手法の他にも、二条城には数多くの最新技術としての西欧意匠がかいま見られる。

まず、二の丸対面所の奥行き方向の柱間を観察すると、床の間のある上段に向かって四間、五間、六間と等差数列によって増えている。その結果、遠近感がより強調されるパースペクティヴの効果が巧みに造り出されていることがわかる。このように奥行きを数列によって増減し、空間を強調する方法は、同年代西欧教会建築特有の手法であることは折に触れて述べ

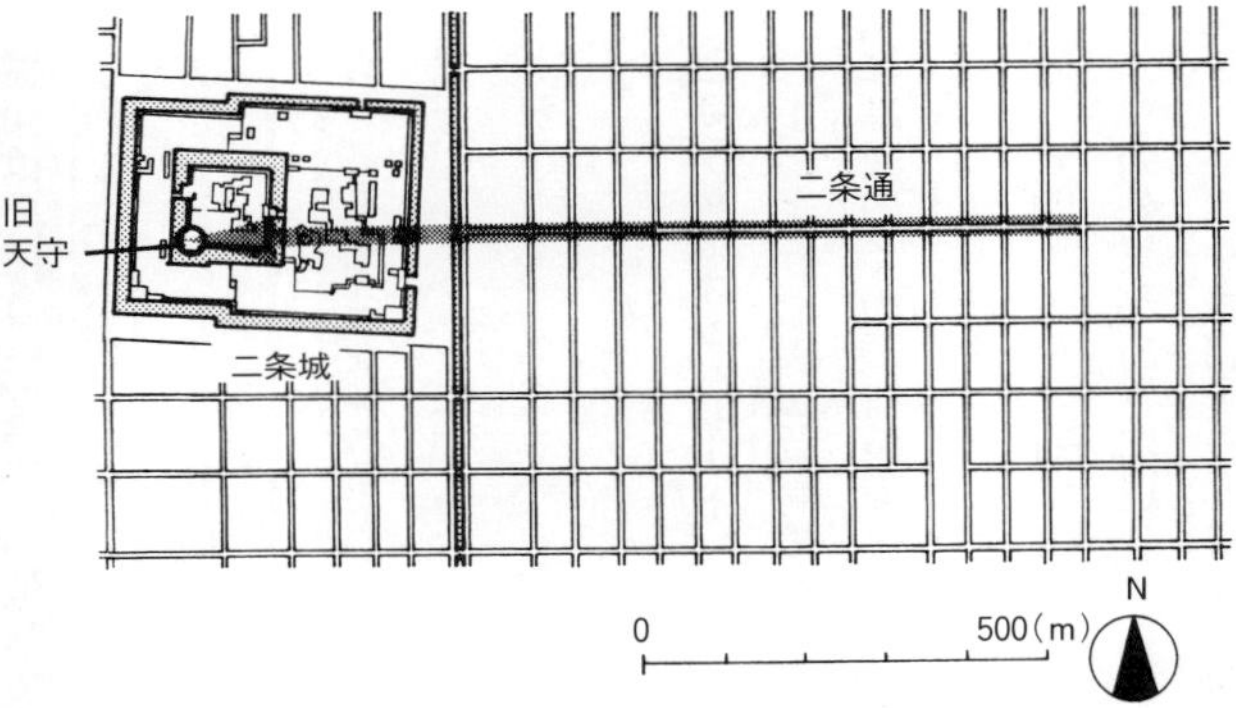


二条城にみるヴィスタ（宮本雅明氏による）。旧天守がアイストップになっている。

てきた通りである。

こうした傾向は、二条城全体の配置及び主要街路の都市計画にまで及んでおり、かつて二条城の旧天守が二条通りのヴィスタのアイストップ（目印）となっていた。ヴィスタとは両脇を遮蔽して目前のアイストップに視線を集中させる都市デザイン手法で、同時代ヨーロッパで大流行した。同様の手法は、江戸城にも用いられており、旧天守が二本の主要道路のヴィスタのアイストップとなるよう計画されていた。

このように、二条城には、江戸幕府の威信をかけた最先端技術として数々の西欧意匠が用いられたことがわかる。

設計者である小堀遠州が、なぜこれほど多くの西欧意匠に精通していたかについては、次章にて詳しく述べることにしよう。

## 二条城

*data*

**成り立ち**

1603（慶長8）年、徳川家康が造営し、3代将軍家光によって増築され、1626（寛永3）年に現在の規模になった。1867（慶応3）年、ここで15代将軍慶喜が大政奉還を決したことは有名。国宝の二の丸御殿は全33室という広さを誇り、狩野一門など桃山美術の粋を伝える。

**見　所**

豊臣秀吉の残した文禄年間の遺構と家康がたてた慶長年間の建築と家光がつくらせた絵画・彫刻などが総合されて、いわゆる桃山時代様式の全貌を垣間見ることができる。

**アクセス**

地下鉄東西線「二条城前」駅下車すぐ
JR山陰本線「二条」駅下車、徒歩10分
市バス「二条城前」下車すぐ

**拝　観**

8:45〜16:00（17:00閉城）

**拝観料**

大人600円
中・高生350円
小人200円

**駐車場**

なし（二条城前に公営駐車場あり）

**問い合わせ**

☎ 075-841-0096（市元離宮二条城事務所）

**所　在**

京都市中京区二条通堀川西入ル二条城町541

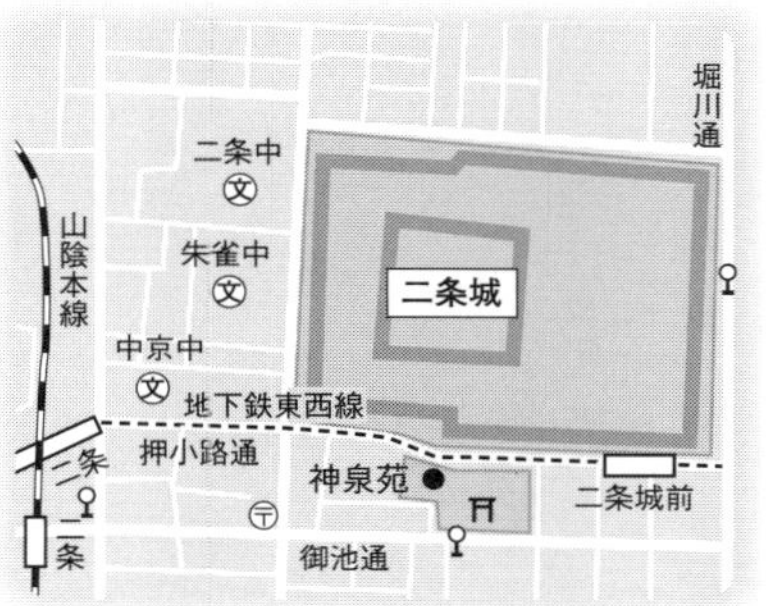

# 第八章　日本庭園の否定

## 1　西欧文化を学んだ男

### 教会建築の影響を受けた安土城、大坂城

一五四九年、宣教師フランシスコ・ザビエルが日本にはじめてキリスト教を伝えたことはよく知られている。その後、一六一二年に最初のキリスト教禁止令が発布されるまでの約六十年間、布教や貿易を通じて、日本は西欧とのはじめての国際交流を体験した。

その間、一五五〇年に山口の教会が建設されてから、一六一二年に京都の教会が破壊されるまで、全国に二百箇所を超える教会が建てられたことは、あまり知られていない。しかも、それらの教会の多くにセミナリヨ（神学校）やコレジオ（大学）が設けられていた。

来日した宣教師のほとんどは、それぞれ異なる分野を極めた専門家であり、例えば天文学を専門とした宣教師スピノラは、日本初の天体観測を行なった。また美術や文学、建築や庭園を専門とする宣教師もいたとみられ、日本人に西欧文化を教授したのである。その結果、前述の通り、ギリシャのホメロスの叙事詩『ユリシーズ』が『百合若大臣』として天皇の面前で上演されたり、初期洋風画と呼ばれる日本人の手になる西洋画が描かれる等、宣教師を

通じて同時代の西欧文化が日本に少なからずもたらされたことがわかる。

それでは、建築や庭園へは果してどんな影響があったのだろうか。当時の教会の姿を描いた南蛮屏風や、宣教師が本国へ送った報告をみると、開口部にアーチや西欧建築の柱が記録されているのが確認できる。また、宣教師の布教方針である『イエズス会礼法指針』にも、教会は日本建築のように正面間口を大きくせず、西欧風に間口を狭く、奥行きを深くせよと西欧建築へのこだわりが記述されている。

現に一五七五年に京都に建てられた教会、通称南蛮寺は、建築を専門とする宣教師オルガンティノを中心に、布教方針を守って設計されたもので、一五七八年に当時の日本では異例の三階建ての建物として完成し、都の名所の一つとなった。一五八八年、キリシタン禁止令によって破壊された翌年には、七千人の入信者があったと記録されている。

また、オルガンティノは、その翌年の一五七九年、当時の権力者・織田信長の安土城下にも教会とセミナリヨを建設した。信長は教会の最上階にのぼって絶讃し、安土城の瓦の使用を許可している。翌一五八〇年に完成した安土城の復元（内藤昌復元）を見ると、天守が四層吹き抜けの大空間となっていることがわかる。内藤氏によれば、この大空間に教会建築の影響を示唆しているのだ。

さらに、信長に次いで天下人となった豊臣秀吉も、一五八五年に大坂城を建設したが、その傍らに土地を与えて教会を建てさせている。前述の通り、この大坂城の内部には、赤い西欧風のカッパや天蓋付の西欧風ベッドがあった。また椅子やテーブル、ジュータン、くつ、ズボン、ワイングラスにワインボトルまで目撃されており、大坂城の内部は西欧風のインテリアであったことはすでに触れた通りである。

## 「宮廷付工人」に西欧技術が伝えられる

一方、建築だけではなく、庭園への西欧文化の影響はどうか。キリシタン大名として、つとに有名な高山右近の領地である大坂の高槻には一五七四年頃、教会と宣教師の宿泊所があったといい、屋根には高々と十字架を掲げ、バラやユリの植えられた庭園があったという。この庭に復活祭にはバラのアーチが造られ、興味深いのは中央の泉から人工的に水が噴き上げたという。これは日本における噴水の初見である。噴水は、同時代ヨーロッパのルネサンス庭園最大の特徴であり、右近によってそれを再現したものだろう。ちなみに前述の安土や京都、大坂の教会もすべて右近の協力によって建てられたものである。

キリシタン研究者ヨハネ・ラウレス氏によれば、後陽成《ごようぜい》天皇の義父・近衛前久《このえさきひさ》は彼が寄宿した銀閣寺に宣教師を呼びつけ、キリスト教に強い興味を示したという。また宣教師フロイスによれば一五九〇年、後陽成天皇の息子が家族全員と共に洗礼を受けたという。後陽成天皇には七人の男子があったが、入信者が誰であるかはわからない。しかし、ここでは後陽成天皇の三男で皇位を継承した後水尾院に注目したい。

一六一三年の宣教師の報告によれば、後水尾院の妃が前述の京都の教会を訪れ、自らは入信しなかったが、家臣の入信は許したという。また、同年の報告によれば、後陽成天皇が、宣教師にヨーロッパの技術を宮廷関係の庭園や建築を造る「宮廷付工人」という人物に教えるよう命じたという。それに関して、一六〇六年の報告には、後陽成天皇とキリシタンの結びつきは、キリシタン大名の娘を妻にした天皇の弟、八条宮智仁親王《はちじょうのみやとしひとしんのう》によると記されている。この智仁親王は、あの桂離宮を創建した人物であり、また前述の後水尾院は、修学院離宮を自ら造営した人物として知られる。以上をまとめれば、宣教師を通じて宮廷庭園、建築の担当者に天皇の命令によってヨーロッパの技術が伝えられ、しかも日本庭園の双璧と呼ばれる桂離宮と修学院離宮の造営者がそれに密接に関与していたことが明らかになる。

それでは西欧技術を伝えられたという「宮廷付工人」とはいったい誰を指すのだろうか。その人物こそが江戸幕府作事奉行、小堀遠州なのである。それでは、遠州は宣教師から学んだ西欧技術をいったいどのように応用したのか、以下考えてみよう。

## ヨーロッパ全土に拡大した「ルネサンス・バロック庭園」

同時代のヨーロッパは、ルネサンス・バロックと呼ばれる芸術の革命期であり、貴族の間で花壇や噴水、幾何学を駆使した整形式庭園が大流行している。くしくもその頃、日本においても貴族の間で庭園ブームとなっており、ルネサンス・バロック庭園の手法を学んだ遠州は、これらの西欧手法を次々と実践していくことになるのだ。

ルネサンス・バロック庭園の歴史をひもとけば、十六世紀の初め、イタリアの芸術家・ブラマンテが最初の整形式庭園であるベルヴェデレ庭園をデザインした。この庭は、幾何学形態の花壇や人工的に刈り込まれた植栽、噴水等を持ち、従来の自然の縮図を造ろうとした自然風景式庭園を主流とした庭造りに革命をもたらした。このスタイルはイタリア式庭園と呼ばれて、貴族の別荘を中心に百を超える実例が造られた。その後、この流行はフランスへと拡大し、平坦な土地に整形式庭園を造るフランス式庭園に発展する。ル・ノートルのデザインになるヴォー・ル・ヴィコント庭園がその代表といえよう。

このような整形式庭園のブームは、さらにヨーロッパ全土に拡大し、ついには中国にまで

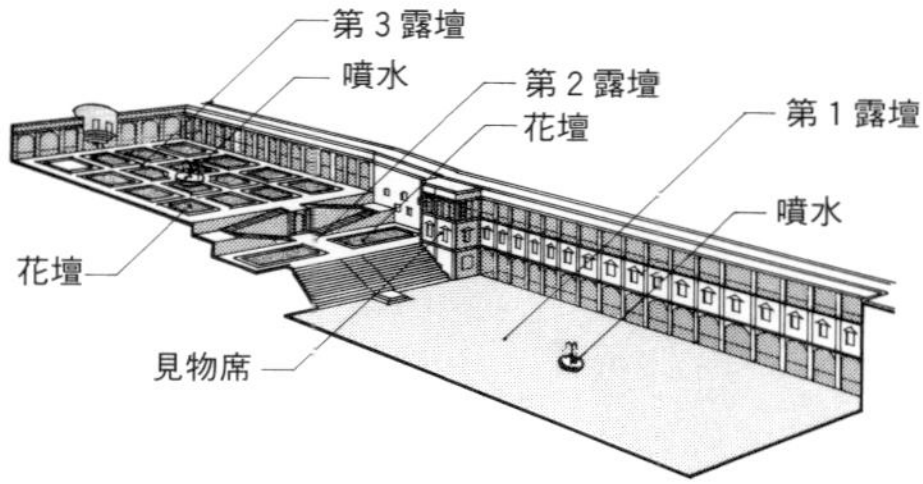

従来の庭園に革命をもたらしたベルヴェデレ庭園。

波及することになる。その実例が、北京に遺構が現存する円明園《えんめいえん》及び長春園《ちょうしゅんえん》である。この庭園も日本と同様にイエズス会の宣教師によるキリスト教布教を通じてもたらされたルネサンス・バロック庭園のテクニックを駆使したもので、遺構を見てもシンメトリーや黄金分割といった西欧手法が用いられており、史料によれば、西洋の様式建築や花壇や噴水を持つ整形式庭園であったことが確認できる。

よって日本へ同じく宣教師の布教を通じてルネサンス・バロック庭園の手法がもたらされたとしても、全く不自然ではなかったといえよう。それでは遠州は宣教師から学んだ西欧手法をいったいどのように実践したのか。彼の手掛けた寛永期の宮廷庭園の実例を観察してみよう。

## 2　仙洞御所

### 庭の全面に花壇？

まず一六三〇年に後水尾院の隠居所として造られた寛永度仙洞

御所の古図を見ると、従来の宮廷庭園には一度も用いられたことのない花壇がある。しかもこの庭園を目撃して著した『隔蓂記《かくめいき》』の記述によれば、花壇にはロウマ桜（ヒマワリ）、南蛮菊（コスモス）等のヨーロッパの花々が咲いており、噴水があり約三十センチの水を巻き上げたという。また「遠目金」と呼ばれる望遠鏡から庭を遠望したともいい、さらに世界地図屏風まであったと述べられている。つまり遠州は後水尾院のために、ルネサンス・バロック庭園をデザインしたことがわかる。

また、後水尾院の娘、明正天皇の皇居として一六二三年に遠州によって造られた寛永度内裏の古図が、前述の仙洞御所において花壇を設けた初見だろう。

一方、仙洞御所の隣りに後水尾院の妃、和子の隠居所として遠州が造った女院御所の古図を見ると、同様に花壇があり、さらに注目すべきは、池に中島がないことである。庭造りのテキスト『作庭記』には、中島を必ず設けるべきだと説かれているのだが、女院御所はこの日本庭園の伝統を否定してしまっていることになる。さらに、一六四三年に遠州が明正天皇の隠居所としてデザインした明正院御所の古図を見ると、驚くべきことに庭のほぼ全面を花壇としている。しかもシンメトリーに構成されており、ここにルネサンス・バロック庭園が完成されたといっても過言ではないだろう。

ようするに、一六一三年に宮廷庭園の担当者である遠州に西欧手法が伝えられ、それ以降に彼が担当した宮廷庭園のほぼすべてにルネサンス・バロック庭園のテクニックが用いられていることから、伝えられた西欧手法が実践されたことが明らかになる。試しに一六一三年以前に遠州がデザインした慶長度仙洞御所（一六〇六年）や慶長度内裏（一六一三年）の古図をみると、花壇や噴水は全く見られず、従来の日本の伝統的自然風景庭園であることがわかる。

これらの遠州が西欧手法を導入した宮廷庭園はすべて現在の京都御苑の中にあったのだが、後に火災にあい失われてしまったことは残念である。しかし、現在の常御殿前を観察してみると、わずかに花壇が遺されていることがわかり、当時を偲ぶことができる。

後に詳しく述べるように、遠州が西欧文化を応用したのは、これらの寛永度宮廷庭園に限ったことではなく、彼が幕府作事奉行として手掛けたありとあらゆる庭園や建築に応用されたふしがある。引き続き次章にてルネサンス・バロックの痕跡を手掛かりにそれらの実例を観察してみよう。

## 仙洞御所

*data*

### 成り立ち

17世紀の初め、後水尾天皇が上皇となった際に造営された。仙洞とは上皇の御座所のこと。霊元、中御門、桜町、後桜町、光格院の五上皇が居住したが、1854（嘉永7）年に類焼。現在は小堀遠州が築いた庭園の一部分だけを残す。

### 見　所

南池、北池を抱え、巨石、滝組、橋を配した庭園美をみせる。小堀遠州による造営当初の姿をほとんど失ってはいるが、17世紀初頭に完成した官廷庭園としての要素は十分に備えている。

### アクセス

地下鉄烏丸線「丸太町」駅下車、徒歩15分
市バス「府立医大病院前」下車、徒歩10分

### 拝　観

事前申し込み（p.281参照）
参観開始時間（所要時間約1時間）11:00、13:30

### 拝観料

無料

### 駐車場

あり

### 問い合わせ

☎ 075-211-1215（宮内庁京都事務所）

### 所　在

京都市上京区京都御苑内

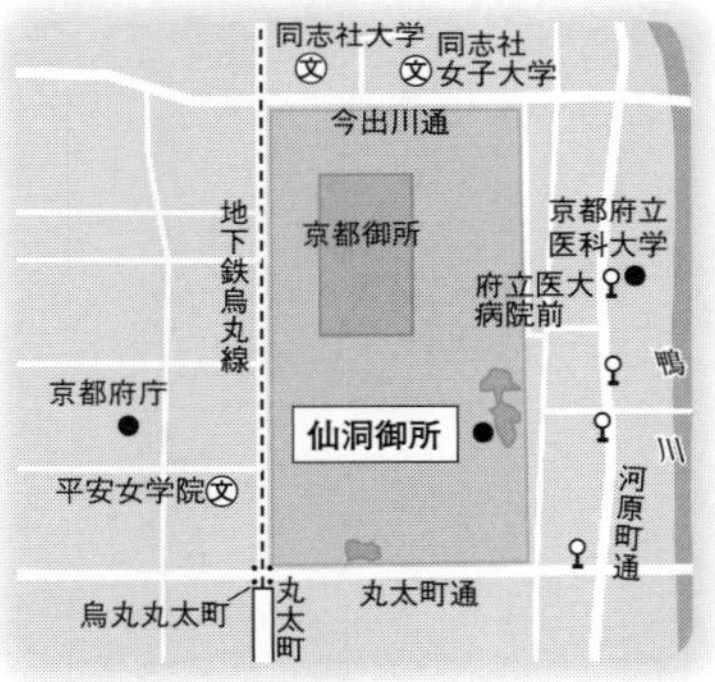

# 第九章　石庭のエキスパート

## 1　大徳寺

### 人間が根元的に美しいと感じる配置

遠州に一六一三年、天皇の命令で宣教師から西欧文化が伝えられたことは既に述べた。現にそれ以降、彼が手掛けた寛永期宮廷庭園のほぼすべてに同時代ヨーロッパのルネサンス・バロック庭園のテクニックが指摘できた。彼は幕府作事奉行であると共に、将軍茶道指南でもあったが、遠州晩年の茶室でもあり隠居所でもあった大徳寺孤篷庵への西欧デザインの影響はどうだろうか。

一六一二年、遠州はキリシタン大名黒田如水の菩提寺・龍光院の中に孤篷庵を創建した後、一六四二年に現在の地へ移転した。一七九四年にいったん焼失したが、残されていた図面から忠実に再現されて今に至る。

まず孤篷庵を代表する「忘筌」と呼ばれる茶室の露地を観察してみよう。美術史家の柳亮氏によれば、石組や手水鉢、灯籠の配置がすべて同時代ヨーロッパで大流行した黄金分割で構成されているという。

黄金分割とは一対一・六一八の比をもつ長方形から一対一の比の正方形を取り去ると、残った長方形が再び一対一・六一八の比をもつ長方形になるといった相似関係である。古代エジプトのピラミッドやギリシャ時代の神殿や古代ローマの建築に用いられた後、古代ローマの復活をめざす十六世紀のルネサンス・バロックの時代に再流行したしくみで、人間が根元的に美しいと感じるバランス関係であるといわれる。おそらく遠州が学んだ西欧文化の一つと思われる。

孤篷庵の茶室「忘筌」。キリシタン灯籠が見える。

また、露地だけではなく、その茶室である忘筌の間取りについても柳氏によれば、複雑な黄金分割によってデザインされているという。この黄金分割は、茶室や露地に限ったことではなく、「三五の比」と呼ばれ、彼のあらゆる茶の作法に常套手段として用いられたともいう。五を三で割ると一・六となり、黄金分割の近似値を簡単に割り出すことができるわけである。

一方、再び露地へ目を戻すと、飛石の先に「露結」と銘が彫り込まれた手水鉢があるが、これをアイストップ（目印）

として飛石を進んでいくと、左側の石組が歩みにあわせて末広がりとなって遠近感が強調される。こうした末広がりや先細りの空間によって遠近感を強調する手法はパースペクティヴと呼ばれ、やはり同時代ルネサンス・バロック建築において大流行したテクニックである。「露結」の銘も、露地の結びのアイストップとして意識的に名付けたものではないだろうか。

次に同じく孤篷庵の茶室「山雲床」の露地を観察してみよう。まず目につくのは、織部灯籠があることだろう。この灯籠は竿が十字架型でキリスト像とおぼしき彫込みがあるため、別名キリシタン灯籠と呼ばれ、隠れキリシタンの礼拝物であったともいわれている。

また、「布銭の手水鉢」と呼ばれるサイフォンの原理で水が下から上へ噴き出るしくみの鉢にも注目したい。このサイフォンの原理は、当時のヨーロッパの先端技術の一つであり、ルネサンス・バロック庭園の特徴の一つである噴水にも用いられたしくみである。上から下へ水を落とす滝を特徴とする日本の自然風景式庭園には従来、決して用いられたことはなかった。しかし、前章で観察した通り、遠州は一六三〇年に寛永度仙洞御所の庭にサイフォンのしくみの噴水をすでに試みている。それと同様のテクニックがこの山雲床にも応用されているのである。

なお、山雲床は、孤篷庵の再建の際、遠州好みの継承者・松平不昧によって増築されたものであり、遠州自身の設計とはいえない。しかし、ここで注目したいのは、遠州の茶室の再建に際して、なぜあえてこのような特殊なキリシタン灯籠やサイフォンの原理を突然採用したのかということである。すなわち、これらの西欧手法が銭型の手水鉢の形式や遠州好みの茶室の形式と共に、当時、すでに遠州特有の手法として認識されていたからに他ならないのである。

ちなみに、このサイフォンの原理は、遠州の名刺がわりになっていたといってよく、彼は、行く先々でこの西欧手法を応用している。例えば彼は一六三六年、日光東照宮の寛永造替の完成に際し、将軍徳川家光の見分役、つまり造営の顧問を務めたが、この日光東照宮の水盤舎はサイフォンの原理で水が下から上へ噴き出るしくみをもつ。また、西浄と呼ばれる日光東照宮

孤篷庵の茶室「山雲床」。

水が下から上へ噴き出る日光東照宮の水盤舎。

の便所は、なんとサイフォンの原理を応用した日本初の水洗式トイレなのである。

一方、遠州は一六三一年、加賀前田家が造営した金沢・兼六園の庭園の山崎山の作庭を担当した。この山崎山から取り入れられた水は、辰巳用水と呼ばれるサイフォンの原理によって、金沢城及びもと三代藩主利常の隠居所・現尾上神社へ運ばれているのである。ちなみに兼六園と尾上神社神苑には、やはり遠州の名刺がわりである噴水が設けられているのだ。

## 配石がすべて黄金分割の方丈庭園

一六一九年、江戸幕府の宗教担当ブレーン・金地院崇伝《こんちいんすうでん》によって新寺院諸式が発布され、儀式に用いられなくなった禅寺の方丈前庭への作庭が許された。それを機に続々と方丈前庭に石庭が造られるようになり、京都に現存する方丈庭園のほとんどは、新寺院諸式発布以降の作庭である。そして、それらの石庭の多くが、遠州の作品であり、彼は江戸時代を代表する石庭のエキスパートでもあった。

遠州のデザインした庭園を現場で直接作庭したのは、「与四郎」という庭師である。前に触れた通り、遠州が設計し、花壇や噴水といった同時代ヨーロッパのルネサンス・バロック庭園のテクニックを実践した内裏や仙洞御所の作庭も与四郎の手によるものである。興味深いのは、遠州に西欧文化を伝えるよう宣教師に命じた後陽成天皇は、これらの西欧庭園を作った褒美として与四郎に「賢庭」の名を与えたことだろう。

この与四郎＝賢庭は、遠州とは関係のない醍醐寺三宝院の作庭も担当したのだが、寺の住職の日記によれば、一六一六年、「花壇ヲ突」とあって、与四郎自身、遠州とはまた別に西欧手法を実践したことがわかる。つまり、天皇の命令によって西欧文化を宣教師から伝えられたのは、遠州だけではなく、その配下の与四郎にも及んでいたとも考えられるのだ。

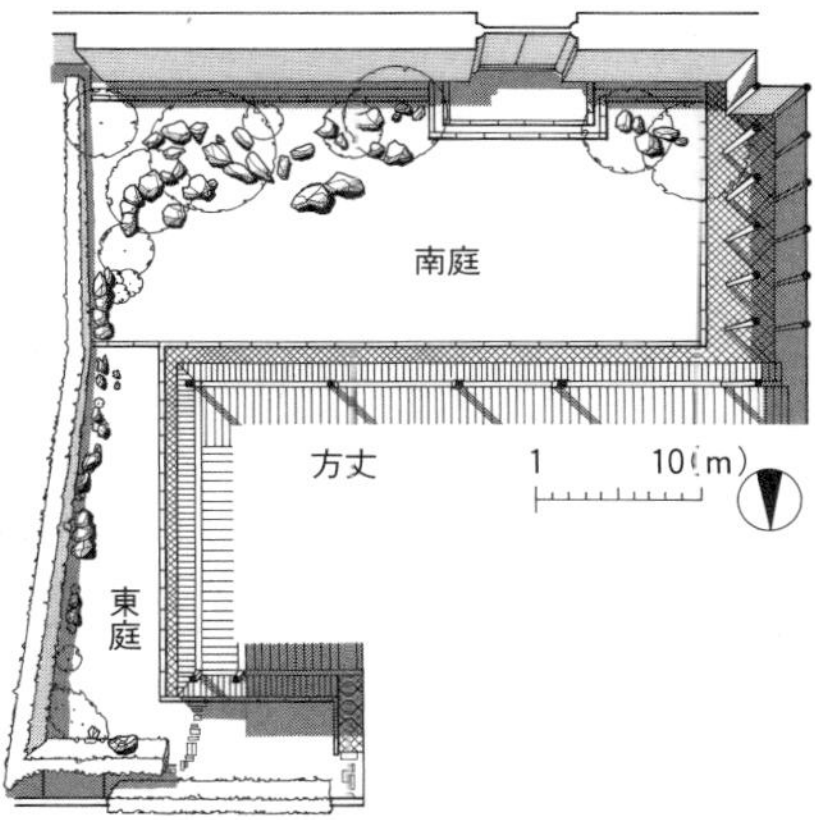

大徳寺本坊方丈庭園平面図。遠州の代表作。

それでは、遠州と与四郎のペアによる石庭作品への西欧文化の影響はどうであろうか。遠州の石庭の代表作・大徳寺本坊方丈庭園の石組について観察してみよう。

まず東庭の石の高さが南禅寺同様、北から南へかけて少しずつ減少している。また、それにあわせるかのように、敷地の形状が先細りとなっている。その結果、ここにも南禅寺方丈石庭と同様に、パースペクティヴの効果が指摘できるのである。

一方、大徳寺方丈の南庭についても観察してみると、まず敷地全体が東西三十六メートル×南北十二メートルと三対一の比で計画されていることがわかる。このことは前述の東庭についてもいえることで、方丈の東北隅から東南隅まで二十一メートル、またそこから東端までが七メートルと、同じく全体が三対一の比によって計画されている。

さらに、それぞれの庭を三つの正方形の複合と考え、再度石組を観察してみると、配石がすべて複雑な黄金分割によって決定されていることがわかる。黄金分割とは、前項の遠州の隠居所・孤篷庵忘筌前庭の石組のところでも指摘した通り、一対一・六一八の比率で平面を分割する方法で、人間にとって根元的に美しいと感じるバランス関係である。前述のパースペクティヴと共に、同時代ルネサンス・バロックの諸芸術のプロポーションを決定するテクニックとしてしばしば用いられた方法である。

遠州は、自らの茶の湯においても五を三で割ると一・六という黄金比の近似値を簡単に求める「三五の比」という作法を用いたといい、これらの石組の黄金分割についても偶然の産物ではなく、宣教師に伝えられた西欧文化の応用とみなしてよいだろう。

## 大徳寺

*data*

**成り立ち**

臨済宗大徳寺派の大本山であり洛北屈指の名刹。1319（元応元）年、大燈国師によって開かれ、応仁の乱で大部分の伽藍を焼失した後、「一休さん」として親しまれている一休禅師が再興。豊臣秀吉をはじめ戦国武将たちが塔頭を建て隆盛を極めた。

**見　所**

三門（重要文化財）は千利休の援助によって完成。その上層に利休自らの木像を安置したため秀吉の怒りを買い、切腹の一因となったといわれる。大仙院、龍源院、瑞峯院、高桐院の4つの塔頭が常時公開されている。

**アクセス**

地下鉄烏丸線「北大路」駅下車、徒歩15分
市バス「大徳寺前」下車、徒歩5分

**拝　観**

本坊は非公開
大仙院 9:00～17:00
龍源院 9:00～16:30
瑞峯院 9:00～17:00
高桐院 9:00～16:30
（孤篷庵は非公開）

**拝観料**

350円～400円

**駐車場**

あり

**所　在**

京都市北区紫野大徳寺町53

**問い合わせ**

大徳寺 ☎075-491-0019
大仙院 ☎075-491-8346
龍源院 ☎075-491-7635
瑞峯院 ☎075-491-1454
高桐院 ☎075-492-0068
（孤篷庵 ☎075-491-3698）

## 2　南禅寺

### 西欧デザインによる新しい美

次に、一六二九年に造られた南禅寺方丈石庭を観察してみよう。この庭は、この寺の住職であり、前述の新寺院諸式を定めたあの金地院崇伝の依頼によるものである。この他、金地院の建築や庭園を遠州に依頼しており、崇伝は遠州のパトロンとでもいうべき存在であった。

方丈庭園の石組を見ると、後列の石の直径が東から順に三・七、二・八、二・〇メートルと減少していることがわかる。また、高さも一・八、一・五、〇・八メートルと減少している。さらに周辺の樹木の数がそれらに合わせてまばらになっているのがわかる。その結果、東西方向に遠近感が強調されたパースペクティヴの効果が巧みに造り出されているのだ。

パースペクティヴの手法は、前章でも述べた通り、同時代ヨーロッパのルネサンス・バロック建築・庭園特有のテクニックであり、偶然こうなったというよりも、むしろ遠州が伝えられた西欧文化の実践とみてさしつかえないだろう。

以上のように、パースペクティヴの効果によって、より庭園の奥行きが強調されて、限ら

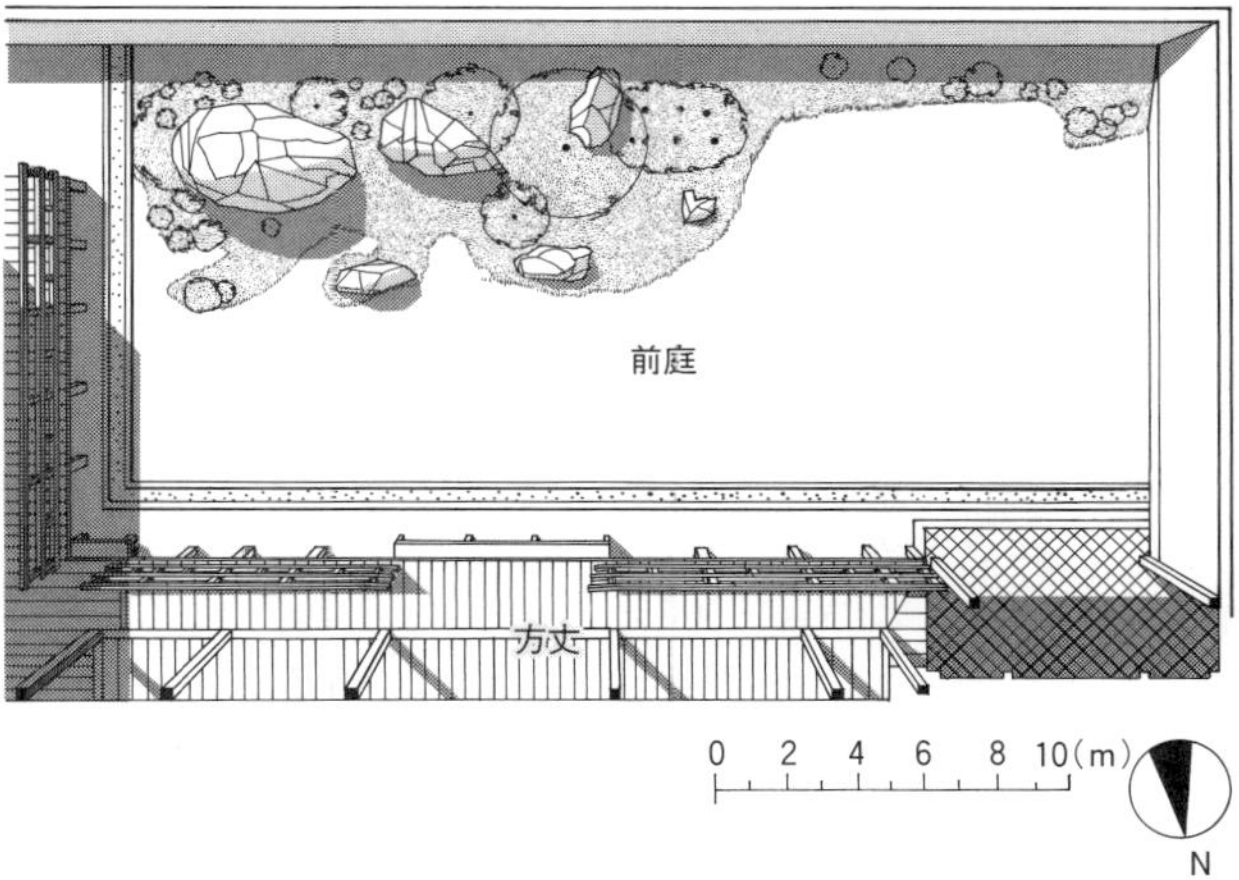


南禅寺方丈前庭。美しいプロポーションはなぜ生まれるのか。

れた方丈前庭をさらに広く見せる。そして黄金分割による配石によって、一見さりげないようで、それ以上動かしがたい美しいプロポーションを庭園に与えるといった寸法であろう。遠州の手掛けた庭園のほとんどが現在、傑作として名声を得ている秘密は、どうやら彼の操る西欧デザインにあったといっても過言ではない。

水をともなわず、石と樹木のみで構成された簡素な枯山水の庭は、しばしば「侘び」「さび」に代表される日本の伝統美の一つといわれることが多い。しかし遠州の石庭は単なる伝統の継承に終わらず、西欧デザインの導入によってさらに複雑で豊かな美を造り出していることが明らかになる。遠州の面目躍如といったところだろう。

### 遠州の意図

遠州は本坊方丈石庭だけでなく、一六二七年パトロン崇伝自身の金地院の庭園も手掛けている。遠州とその配下の活躍は、崇伝自身の日記『本光国師日記《ほんこうこくしにっき》』に克明に記録されている。崇伝はその中に「遠州ノ好ミ一段トヨロシク」と記し、大変満足していることがわかる。また、遠州の配下の賢庭に、どのようにお礼の金子を渡したらよいかを尋ねる崇伝の遠州宛の手紙なども残されており、遠州の配下へ細心の配慮をはらっていたことがうかがえる。庭園デザイナーとしての遠州は、幕府の宗教ブレーンにこれほどまでに気をつかわせる存在であったといえよう。

庭園は、中央へ仏に見立てた三尊石と、それを拝するための礼拝石を配し、左右に鶴島、亀島をシンメトリックに配している。このシンメトリー（左右対称）というのは、日本庭園には極めて珍しい構成で、ヨーロッパ庭園の特徴である。また背後の樹木はすべて丸く人工的に刈り込み、幾何学的に配列されているのも西欧整形式庭園を思い起こさせる。極めつけは、三尊石に混じるようにキリシタン（織部）灯籠が立てられていることだろう。この灯籠

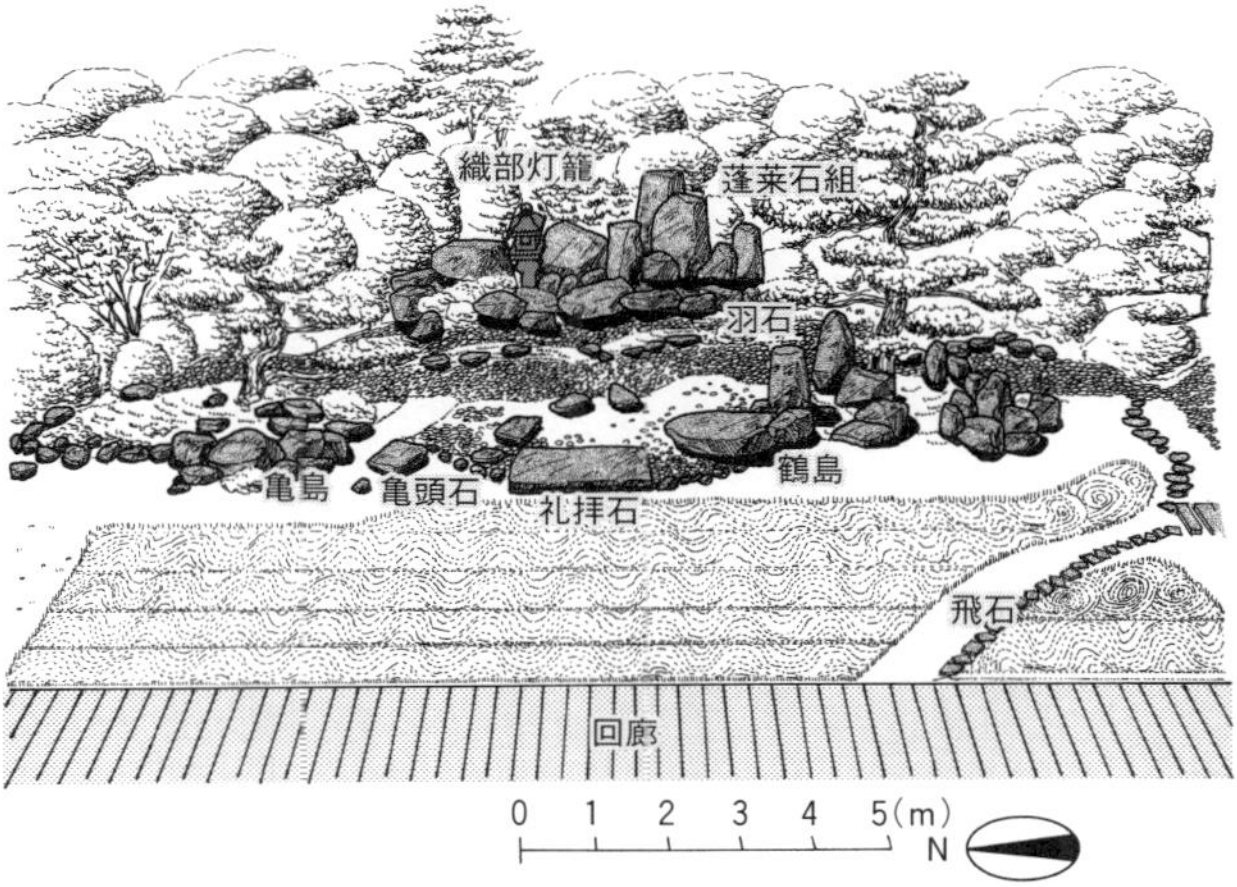


金地院庭園。徳川家康の“東西線”と関係を持つ。

は竿が十字架型をしており、一説には隠れキリシタンの信仰であるといわれる。つまり、礼拝石で三尊石を拝することは、このキリシタン灯籠をも拝することになってしまう点が興味深い。

石庭の右脇には、遠州独特の飛石が配されており、正方形の飛石を四十五度ずらして連続する幾何学的なもので、やはりヨーロッパ庭園を想起させるものである。

なお、鶴亀二島を設けるのも遠州独特の手法である。鶴は千年、亀は万年生きるといわれ、不老不死の永遠のシンボルとされてきた。おそらく遠州の意図は、この庭園の背後の東照宮を三尊石と共に礼拝することだったのではないか。

というのも、東照宮に祀られた徳川家康は生前、霊峰富士を「不死」として富士見（不死身）にこだわったといわれる。そのため、死後は自ら神として再生することを欲して日光東照宮に祀られた。第六章で触れた通り、家康は死後、久能山東照宮にいったん祀られた後、日光東照宮へ改葬されているが、両者を地図上で結ぶ直線上にぴったりと富士山が位置する。また、久能山東照宮から延びる家康の神への再生の儀式と呼ぶべき東西線の西端が、じつはこの金地院東照宮なのである。

それらのしくみを知った上で、遠州は金地院東照宮と金地院庭園を設計したふしがある。つまり、庭園の背後に東照宮を配し、それを拝するように礼拝石を配する。そして鶴島、亀島を脇侍《わきじ》として左右に設けて、神格家康とその子孫たる徳川の永遠を祈る装置としての庭を造ったのではないだろうか。家康と浅からぬ関係のあった崇伝を満足させるに十分な設計といってよいだろう。

## 南禅寺 本坊方丈

***data***

**成り立ち**

1291(正応4)年、亀山上皇が離宮を大明国師に与えて禅寺に改めたのが起こり。また、京都五山の上に位置したという格式の高さを誇っており、当時最も傑出した日本文化史上重要な役割を果した禅僧が歴代住持として住山し五山文学の中心地として栄えた。

**見所**

三門(1628年、重要文化財)は五間三戸二階二重門の規模で左右に山廊をもち、禅宗(唐)様からなる三門正規の形式の雄大な建築。大方丈前面の庭園は俗に「虎の子渡しの庭」と呼ばれ、小堀遠州の作と伝えられている。

**アクセス**

地下鉄東西線「蹴上」駅下車、徒歩7分
市バス「南禅寺・永観堂道」下車、徒歩10分

**拝観**

[方丈庭園・三門]
一般500円
高校生400円
小・中学生300円
[南禅院]
一般300円
高校生250円
小・中学生150円

**拝観料**

8:40〜17:00(12月〜2月は〜16:30)

**駐車場**

あり

**問い合わせ**

☎075-771-0365

**所在**

京都市左京区南禅寺福地町

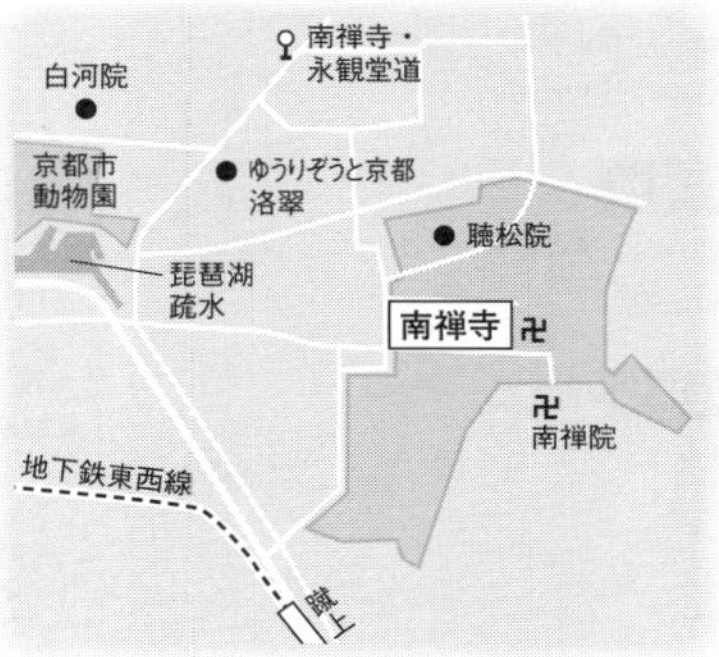

# 金地院

***data***

## 成り立ち

金地院は、大業和尚が室町幕府4代将軍足利義持の帰依を得て北山に開創した禅寺で、後に南禅寺に移された。創建当初は諸堂完備し輪奐の結構さは日光東照宮に比すべきものであったという。現存する拝殿・石ノ間・本殿等は京都に遺る唯一の権現造り様式である。

## 見　所

方丈前庭の鶴亀の庭園は、小堀遠州作の枯山水。方丈から見て右に鶴島、左に亀島を配す。院内を巡る小径の木や竹林の下には、ホソバオキナゴケやコバノチョウチンゴケなどがびっしりと覆い、静寂なたたずまいを演出している。

## アクセス

地下鉄東西線「蹴上」駅下車、徒歩7分
市バス「南禅寺・永観堂道」下車、徒歩10分

## 問い合わせ

☎ 075-771-3511

## 所　在

京都市左京区南禅寺福地町86-12

## 拝　観

一般400円
高校生300円
小・中学生200円

## 拝観料

8:30〜17:00（12月〜2月は〜16:30）

## 駐車場

あり

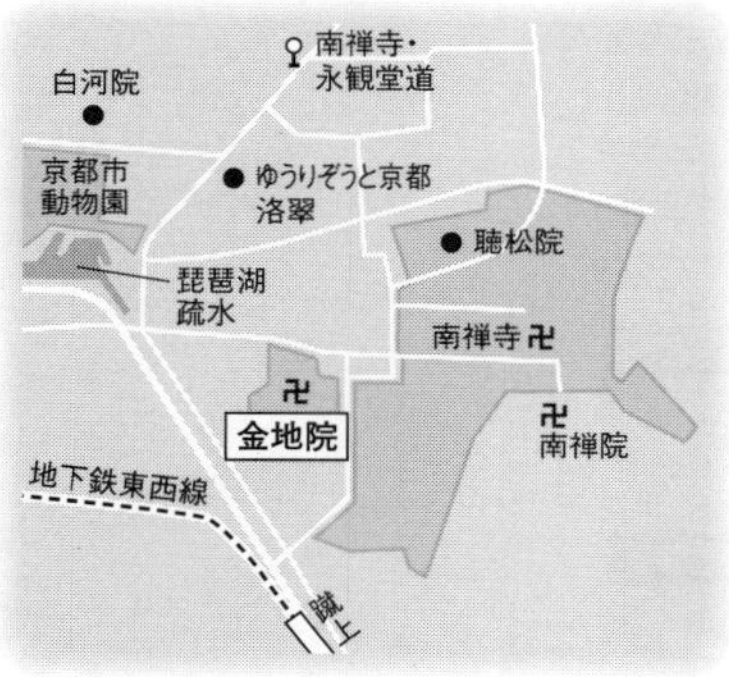

# 第十章　庭園史最大の謎を推理する

## 1　龍安寺

### 答えのない謎の石庭

その謎に満ちた石庭は、京都の北、衣笠山《きぬがさやま》のふところにある。

このあたりは、金閣寺を中心として、東に大徳寺、西に仁和寺《にんなじ》、南に妙心寺《みょうしんじ》、北には左大文字山が位置し、東山と並んで京都の散歩コースの名所の一つとして知られている。龍安寺の山門を潜り、左手に鏡容池《きょうようち》を望みながら参道を登っていくと、白壁鮮やかな庫裏へと至り、その左手にある方丈南側の低い土塀の中、問題の石庭はたび重なる火災をくぐりぬけて、その中に静かに眠っているのである。

戦前から龍安寺石庭は、名庭として知られているとはいっても、ごく一部の人々の間にだけのことであり、一日に三、四十人訪れれば多いほうだったという。ところが、一九七五（昭和五十）年に英国のエリザベス女王が訪れ、この石庭を絶讃したことから、その名声は全世界に知られるようになった。

現在は、一日に訪れる観光客は、じつに数千人。この一見何のへんてつもない、わずか七十五坪の小さな石庭を観るために、目を輝かせて群をなして訪れるのである。それは、志賀直哉や室生犀星のエッセイ、大佛次郎の『帰郷』、小津安二郎監督の映画『晩春』、その他しばしば小説や映画に取上げられたことも無関係ではないだろう。

それではいよいよ問題の石庭を観察してみよう。

謎が多い龍安寺石庭。

驚くべきことに、塀に囲まれた長方形の庭にあるものは、波模様のつけられた白砂と十五個の石だけ。青々とした新緑や、燃えるような紅葉もなく、ただ乾いた砂と石があるだけの枯山水の庭なのである。このようなつかみどころのない庭を、時には何十人もの人々が縁側に座って眺めている。すぐに退屈して立ってしまう人や、何時間も座って眺めている人もいる。

しかし、じつのところ、この石庭が美しいのか美しくないのか、またこの造形は何を意味しているのか、はっきり答えることができた者は、今だかつてひとりもいなかったといってよい。

例えば、五群の石の意味ひとつとってみても「七・五・

三配石」、「心の配石」、「扇型配石」などと様々な説がたてられ、あげくには「カシオペア座配石」説等というものまであらわれたが、どれも根拠が希薄なために、今だに定説をもつに至っていないのだ。造庭年代もわからず、作者も知れず、造形の意図も不明、美しいのか醜いのかもさだかではない。

それにもかかわらず、その神秘性がゆえに参観者はあとをたたずといった状態である。

筆者は、これらの龍安寺石庭の諸問題について、遠州と西欧文化という観点から解決が可能なのではないか、と考えている。以下、龍安寺の造営年代、造形の意味、作者について少し考えてみたいと思う。

**造営年代**

まず造営年代については、これまで龍安寺が細川勝元《かつもと》によって創建され、応仁の乱で焼失後、息子政元《まさもと》によって再建されるまでの室町末期の造庭であると信じられてきた。しかし、一五八八年に豊臣秀吉がここを訪れ、和歌を詠んだ際、同席した六名も含めてすべて糸桜のことばかり歌に詠み、特徴的な石庭について詠んだ者がひとりもいなかった。

石庭があれば、それについて歌を詠む者があってもよさそうなものであるが、七人が詠ん

で、たったの一言も石庭を詠んだ
えるべきだろう。しかも、その当時、禅寺の方
など許されることではなかったはずである。

しかし、将軍の側近のひとりであり、黒衣の宰相といわれた南禅寺の金地院崇伝が、一六
一九年に天下僧録司という禅宗寺院を総轄する最高職につくと、幕府は崇伝に新寺院諸式をつくらせている。その結果、方丈南面の庭が晋山《しんざん》式などの儀式の場所としての必要性を持たなくなったので、その後初めて鑑賞用の庭園が造られるようになったのである。しかも崇伝は自らが住する南禅寺方丈前庭に、一六三二年になってはじめて庭石を配しているが、崇伝ですらこのように守った制度を破ってまで、寺格の低い龍安寺が方丈に布石するとはまず考えにくい。

この制度を無視して作庭された例は他に全く例がない上、龍安寺の属す妙心寺派は、当時いわゆる京都五山（天龍寺、相国寺、建仁寺、東福寺、万寿寺）に列しない、一段低い地位にあった。そのような弱い立場の龍安寺が、たとえわずか十五個の石であっても、あとのおとがめを恐れずに鑑賞物を作ることは、まず不可能であったといってよい。

それでは、秀吉が歌に詠んだという糸桜は植えることができたのかというと、現在石庭の

西北隅の方丈から仏殿に通じる舗廊との隙間、その幅わずか一メートルに満たない狭い空地に、糸桜の古株が残されており、秀吉がこの糸桜を歌に詠んだことは間違いないと思うが、このような隙に植えられたのだとしたら、おとがめを受けることもないし、また古株の直径から見てかなりの大木であったことがわかり、秀吉らが詠むのに十分であったことが確認できるのである。

さて、記録上における龍安寺石庭の初見は、じつに秀吉が訪れてからさらに約百年後の一六八一年の記事である。すなわち、黒川道祐が前年の一六八〇年に実際に龍安寺を訪れた印象を、その翌年『東西歴覧記《とうざいれきらんき》』に記したのである。

記事には「石九ツアリ、是ヲ虎ノ子ワタシト云ヘル」とあり、また同じ著者による翌一六八二年の『雍州府志《ようしゅうふし》』では、石の数を「其石之大者九個」と記している。現在、石は十五個であるが、ここでは九個となっている。

しかし、籬島軒秋里《りとうけんあきさと》が一七九九年に刊行した『都林泉名勝図会《みやこりんせんめいしょうずえ》』には、前の二つの記録にはなかった石庭の詳しい絵があり、その姿は現在とほぼ同じ様相で石も十五個であるにもかかわらず、文には「奇巌十種」とあることから、前の九個という記述
は数え方しだいで差が出ることを示してい

一七九九年刊行というと、龍安寺は一七九七年に火災にあっているので、その後の姿かとも思われるが、焼失された方丈が再建されるのは、火災の三年後の一八〇〇年であるから、ここに描かれているのは火災以前ということになるのである。

以上から考えて、龍安寺石庭が造られたのは少なくとも新寺院制度となった一六一九年から一六八〇年の間に限られ、新制度以降、南禅寺金地院方丈南庭や、本坊方丈南庭、また大徳寺方丈南庭、その他多くの禅寺の方丈前庭に枯山水の石庭が造られた頃、龍安寺方丈石庭も同様に作庭されたものと考えられる。

## 造形意図

次に、この石庭の造形意図について考えてみたい。これまでに龍安寺石庭については、前述したように様々な説がたてられたが、どれも根拠が希薄であり、定説とはなっていない。そこで、ここで新たに龍安寺石庭にみられる西欧手法を指摘してみよう。

まず、石庭を囲む油土塀は、東側、西側共に北側から南側へ傾斜している。これによって、方丈の縁側から石庭を眺める際、遠近感が実際より強調されて遠く見え、ここに遠近法の手法が巧みに造り出されていることがわかる。

龍安寺断面図。山の土砂を削って造られたことがわかる。

この造形について、元来この庭が山の斜面にあたるため、長い年月のうちに傾斜がついたという否定論もあるが、これにはかなり無理があるといわざるをえない。それはまず、龍安寺石庭の敷地がかなりゆるやかな山の斜面にあるからである。また、その敷地が土もりをして造られたものではなく、断面図を見ればわかる通り、山の土砂をけずって造り出したものだからである。もし経年変化で下がったというのならば、方丈や、その背後の歴代墓地も傾くべきであるのに、現在全くの水平を保っているのである。なにより、油土塀を詳細に観察しても、地下に埋没したような形跡は全く認められないのである。やはりこれは、意図的に造形されたものと考えてまず間違いないといえよう。

次に、石庭の地面の傾斜である。まず砂面が、南側から方丈のある北側へ向かって少し傾斜して下がっており、また東側から西側にかけても、ゆるく傾斜している。その結果、前述の方丈縁側から石庭を眺めた際の遠近法の効果をさらに助けるものとなっている上、玄関から入ってきて石庭を見た時の遠近法を強調する手法となっているのである。

これについても、単なる水捌けのためではないかという否定論もあるが、もしこれが水捌けであるとするなら、その論者は大雨の際、水の流れがどうなるのかを想像したのだろうか。すなわち、方丈に向かって傾斜しているのであるから、水は方丈に流れ込むことになる。もし、この庭の設計者が石庭の水を外へ排出させる目的で砂面を傾斜させたというのなら、なぜ南の油土塀側へ傾けなかったのだろうか。

これは、東西方向の傾斜についても同様のことだが、造園、建築の視点から見ればまさに異常な造形であるといわなければならない。いいかえれば、機能性を考えて造形されたというよりも、むしろ合理性を多少無視してでもデザインを優先させようという態度で造られているといっても過言ではあるまい。すなわち、これらの造形もやはり遠近法の効果を巧みに造り出すことを意図していると考えてまず差しつかえない。

さらに、これらの遠近法の手法は、石庭の配石にまで及んでいることがわかる。まず一番方丈に近い石の高さを一・八尺と高くすえ、また玄関側の石も土もりをして三・三尺と高くし、それ以外の石を低めにすえることによって、遠近感がさらに強調されていることになる。

以上のように、数々の遠近法の手法を用いることによって、結果的にこのわずか七十五坪しかない庭を実際よりかなり広く見せることに成功しているのである。

龍安寺石庭に見られる西欧手法は、以上のような遠近法だけではない。前章の大徳寺方丈石庭同様、ここには黄金分割の手法すら指摘できるのだ。すなわち、方丈広縁から見てまず向かって右手から一対一・六一八の黄金矩形が生まれるような地点をみつけ、それに対角線を引くと五組に分かれる石庭のうち三組の石はその線上にぴったり並ぶのである。

次に、この対角線を土塀に当てて直角に折ると、残部に生まれるもうひとつの黄金矩形の対角線になるのだが、その線上で、土塀と縁側との中央の位置に、最左端の石組がやはりぴったり位置することになる。そして、残る一組の石群は、逆手からつくられた黄金分割線上に、さらにもうひとつの黄金矩形が生まれる、まさにその交点上に乗るのである。これらの関係は、やはり偶然こうなったというよりも、むしろ黄金比を用いて計画的に布石されたと考えるべきであろう。

この他、この石庭そのものが十二メートル×二十四メートルで二つの正方形に分割される点についても触れておきたい。前述の大徳寺方丈石庭の場合、南庭が三十六メートル×十二メートル、東庭が二十一メートル×七メートルというように、どちらも三つの正方形に分割

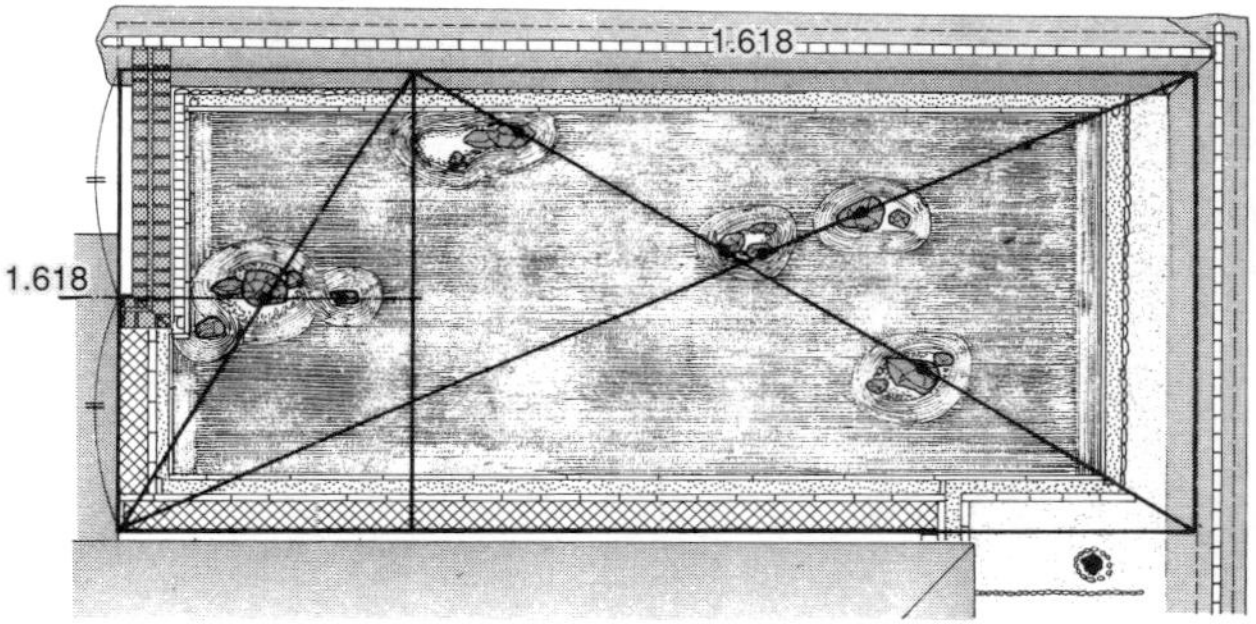


龍安寺石庭の黄金分割。

される形状であった。つまり、大徳寺と龍安寺のどちらの石庭にも共通していることは、正方形を縄張りの基本としていることである。また、これらに南禅寺方丈石庭や、大徳寺孤篷庵前庭を含めて、すべて黄金比によって配石が決定され、かつ遠近法が用いられているのであり、まさに西欧風整形式庭園の手法によって造られていたことになるのである。

## 設計者の解明

龍安寺の作庭者については、これまでに作庭年代の諸説にあわせて様々な人物が挙げられてきた。例えば、この龍安寺を建立した細川勝元その人であるとか、応仁の乱で焼失した後に再建した勝元の息子の政元、また相阿弥《そうあみ》であるとか、さらには龍安寺開山の義天玄承《ぎてんげんしょう》、龍安寺塔頭多福院開基の般若房鉄船《はんにゃぼうてっせん》、西芳寺住職・子建西堂《しけんせいどう》等さまざまな説がたてられてきた。

しかし、前に述べた通り、龍安寺石庭の作庭年代は江戸初期、すなわち少なくとも一六一九年の新寺院諸式発布から、一六八〇年の黒川道祐の訪問までの時期であると推定されることから、この約六十年間に作庭可能な人物に的は絞られてくるのである。そして、これまでの諸説の中からこの時期にあてはまる人物を探すとすれば、そのほとんどは除かれることになり、唯一、「金森宗和」説が残ることになる。

金森宗和は、一五八四年生まれ、一六五六年に没しているのであり、確かに江戸初期作庭ということは矛盾がない。しかも、千利休の流れをくむ茶人であり、茶室の露地についても『松屋会記』等から大石を好んで用いたことがわかっている。

この説の最大の根拠は、『大雲山誌稿』の「西源前庭仮山水　金森宗和造之」であり、この中の「西源」を龍安寺方丈にあてているのである。しかし、『元長卿記』の一五〇二年二月二十一日の条に「龍安寺ニ詣、方丈ニ於イテ一盞有リ、西源庵ニ於イテ点心有リ」とあり、この記事の筆者はこの日、方丈と西源院の二箇所におもむいていることがわかる。

ようするに方丈と西源庵が同時に存在していたことになり、『大雲山誌稿』の伝える金森宗和の作庭した仮山水というのは、西源庵のものであって、方丈の石庭ではなかったことが明らかとなるのである。

## 遠州作の可能性

それでは方丈石庭はいったい誰が作庭したものなのだろうか。

龍安寺研究者、大山平四郎氏は、その著書の中で龍安寺石庭がかつて借景の庭であったことを論証されておられる。この説はほぼ定説化したと見てよいので、それを含めてここまでに挙げてきた事項を作者探しの手掛かりとしてまとめれば次のようになる。

1　一六一九年から一六八〇年に作庭。
2　遠近法、黄金比といった当時の先端技術としての西欧的手法が用いられている。
3　借景等の高度な伝統的技法が用いられている。
4　2、3のような完成度から見て、おそらく他にも石庭の作品を多く残す庭園のエキスパートである可能性が高い。
5　厳しい禅宗寺院制度の中にあって、このような斬新な作庭が許されるということは、禅宗関係者である可能性が高い。

このような条件にあてはまる人物を探すとにわかに浮上してくるのが、やはり遠州なのである。以下、前に示した五項目の作庭者の条件に沿って、その可能性を考えてみよう。

1　一六一九〜一六八〇年に作庭

遠州は一五七九（天正七）年から一六四七年まで生存したのであり、一六一九年時には四十歳という壮年期にあたる。よってその後没するまでの二十九年間、作庭が可能であった。

2　西欧手法が用いられている

前に詳しく観察したように、天皇の命令によってキリスト教宣教師より西欧手法が宮廷付工人に伝えられ、それ以降の寛永期宮廷庭園のほとんどに同時代ヨーロッパ独特の整形式庭園の手法が用いられているのである。そして、それらの作者がすべて遠州であり、彼のその他の作品にも共通した西欧手法が指摘できることから、西欧手法を伝えられた宮廷付工人とは遠州を指すことを明らかにした。

特に、大徳寺方丈、南禅寺方丈、また自らの隠居所孤篷庵などの前庭には、遠近法の手法や、黄金比による配石などが用いられている。また正方形による縄張りなど、龍安寺石庭と酷似している。

3　借景の手法

江戸城西の丸庭園や大徳寺方丈、その他数多くの遠州作品が借景を大胆に採用しているのであり、江戸時代初期から急速に取り上げられるようになった借景庭園は、じつに遠州によって完成されたと考えられている。

4　石庭、庭園のエキスパート

江戸初期の宮廷庭園のほとんどの他、江戸城内の庭園にも関与しており、特に石庭については、江戸初期の傑作と呼ばれるものはすべて遠州とその一派によるものである。

5　禅宗関係者による作庭

遠州は敬虔な禅宗信者である上、江月、春屋、崇伝といった禅林の権力者らをパトロンに持っており、龍安寺に関与する可能性は十分にあったと考えられる。

以上から考えて、龍安寺石庭が遠州作庭である可能性が極めて高いことを認めざるをえない。ただし『小堀家譜』その他の遠州の作事、普請関係の記録に、龍安寺石庭作庭の記事は今のところ発見することはできないが、他に遠州の関与がはっきりしているにもかかわらず、諸資料に記載されていない例も多く、それはなにも龍安寺石庭に限ったことではない。

龍安寺作庭者の決定的資料の発見は、日本庭園史に関わる人々全体の課題の一つともいわれ、今後の研究成果を待ちたいと思う。

# 龍安寺

*data*

**成り立ち**

1450（宝徳2）年、室町幕府管領細川勝元が、徳大寺家の別荘を譲り受けて寺地とし、妙心寺の義天玄承を開山として創建された。

**見　所**

方丈南側の枯山水庭園（特別名勝）が石庭として名高い。三方を油土塀で囲み、東西25メートル、南北10メートル余りの長方形の白砂の庭に15個の石を5·2·3·2·3に配置したもの。一般にこれは、「虎の子渡し」の名で知られている。

**アクセス**

市バス「竜安寺前」下車すぐ

**問い合わせ**

☎075-463-2216

**拝　観**

3月～11月 8:00～17:00
12月～ 2月 8:30～16:30

**所　在**

京都市右京区龍安寺御陵ノ下町13

**拝観料**

大人·高校生500円
小·中学生300円

**駐車場**

あり（拝観者の駐車料金は石庭拝観者に限り1時間無料）

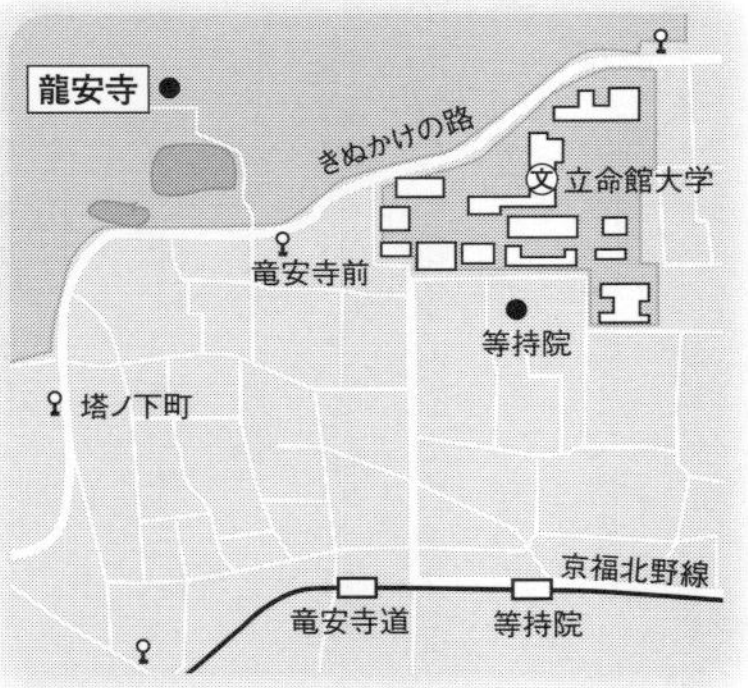

## 2 高台寺傘亭、時雨亭

### 利休作？

高台寺は豊臣秀吉の菩提を弔うため、正妻・おねが出家し、徳川家の援助を受けて一六〇六年に創建した寺である。中でも有名なのが傘亭、時雨《しぐれ》亭と呼ばれる茶亭であり、重要文化財に指定されている。平屋で閉鎖的な傘亭と二階建てで開放的な時雨亭を屋根付土間廊下でつないだもので、その空間の対比を季節や用途に応じて使い分けたものだろう。

高台寺傘亭。千利休作の伝説がある。

高台寺時雨亭

伝承では、あの千利休の作と

いわれ、秀吉の伏見城から移建したものという。しかし、この伝説には矛盾があるといわざるをえない。というのは、まず第一に伏見城は一五九七年に完成したが、利休はその六年前の一五九一年に没していることである。

第二に秀吉の伏見城は、徳川によって一六〇〇年、徹底的に破壊され、その後全く別の建築として再建されている。傘亭・時雨亭が秀吉の伏見城の遺構であるとしたら、高台寺創建の一六〇六年までの六年間、この建物は果してどこにあったのか。

第三に傘亭・時雨亭の存在と利休の作であるという史料の初見は、一六八五年の『洗泉集』の記述である。利休あるいは伏見城の遺構であれば、当時としても極めて珍しいものであるから必ず記録されるべきなのに、高台寺創建後約八十年もたって初めて文献にあらわれたことになる。また傘亭・時雨亭が伏見城の遺構であるという記述に至っては一七五七年の『山城名所寺社物語』が初見であって、高台寺創建から約百五十年も経てからなのである。

第四に、傘亭・時雨亭についての初見である『洗雲集』では、傘亭を「安閑窟」と呼び、傘亭という名は未だなかったことがわかる。現在、傘亭内部に同名の額があるので、傘亭を指すことは間違いない。時雨亭に至っては、その存在こそは記録されているものの、名称は記されていない。傘亭の名の初見は、一七五四年の『拾遺都名所図会』の「傘の亭」まで待たなければならない。時雨亭に至っては一八五三年の『起し絵』（高台寺蔵）が初見であり、傘に対して時雨と命名されたのだろう。

以上からみて、傘亭・時雨亭が利休作の伏見城の遺構であるというのは、後世の付会といわざるをえない。伏見城の造営は、その大半が利休存命中に建てられた聚楽第の移建であったことがわかり、聚楽第に利休が造った建物が伝わったとも考えられなくもないが、特に傘亭は改造跡が著しく、もとは開放的な東屋であったといわれ、万が一利休作であってもほとんど原形を留めていないことになる。

### 遠州作の可能性

さて、それでは果して傘亭・時雨亭は誰が造ったのだろうか。ここでは小堀遠州作である可能性を考えてみたい。というのも傘亭と時雨亭をつなぐ屋根付き土間廊下について、遠州作という伝承があるからに他ならない。京都で遠州作という建築は数百を下らないが、そのほとんどは否定せざるをえない。しかし、この傘亭・時雨亭の廊下については、数多くの専門家が認めるところである。飛石を四十五度にずらし、幾何学的に配する手法は、南禅寺金地院などにも見られる典型的な遠州好みであり、また、それを横切るように配した手水鉢へ

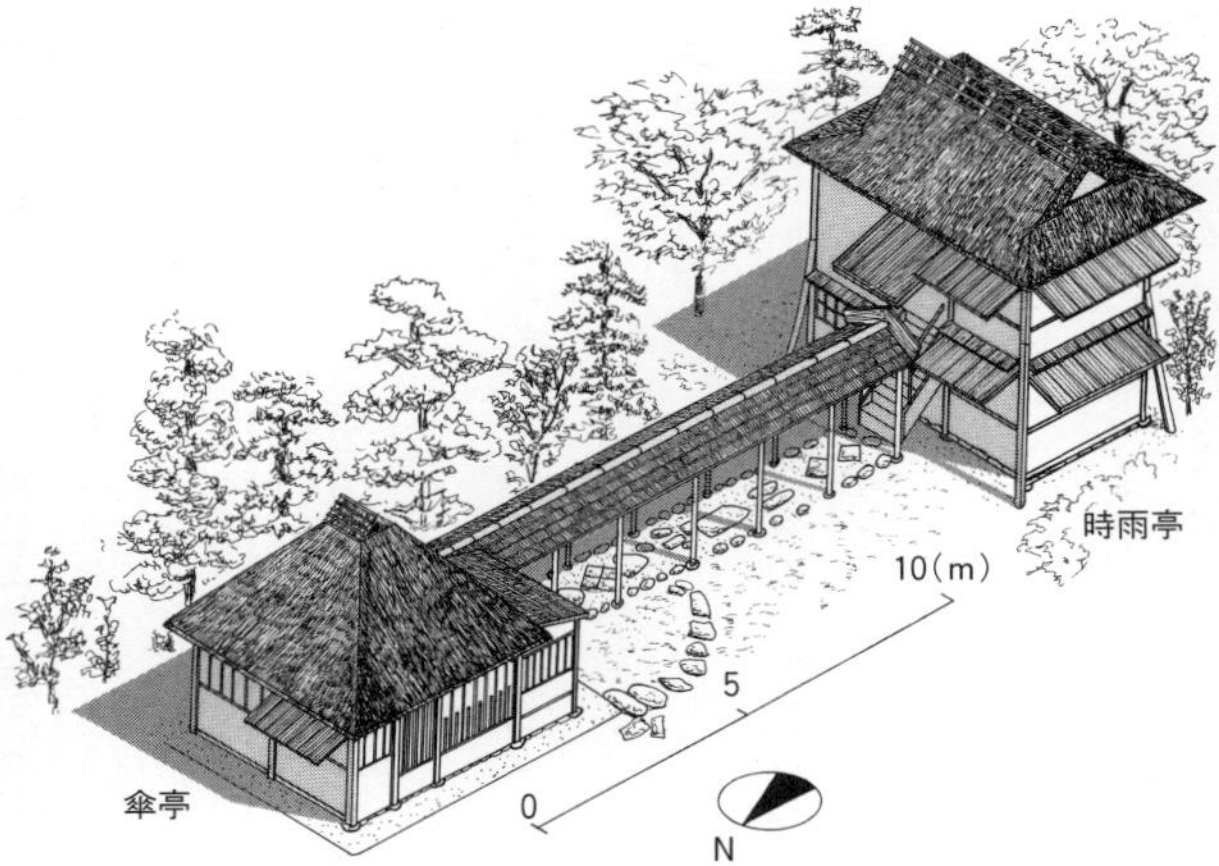


高台寺傘亭時雨亭鳥瞰図。二つの茶亭が屋根付き廊下でつながれている。

の飛石も遠州独特の手法といってよい。

一方、二つの茶亭を屋根付き廊下でつなぐというのも遠州独特の手法であることは余り知られていない。遠州の小室城時代の邸宅の指図（佐治家蔵）をみると、養保庵と転合庵という二つの茶亭の絵があり、両者共、二棟の建物を屋根付き廊下でつないでいることがわかる。また、遠州の伏見奉行時代の屋根の書院茶座敷の指図（小堀宗慶氏蔵）を見ると、やはり二つの茶座敷を廊下でつないでいるのが確認できる。このような手法は、他の茶匠の好みには例がなく、遠州好きの一つといってよいだろう。

さらに、時雨亭は茶亭としては希な二階建てであるが、二階建ての茶亭というのも遠州が好んだ形式であり、一六一八年に遠州が造営した近衛信尋の別荘・大和田御殿など数多い。

注目すべきは、遠州の伏見屋敷にあった成趣庵という茶亭である。『甫公伝書』及び『松屋会記』にその間取りや外観スケッチが記録されており、時雨亭と酷似しているのである。まず成趣庵は二階建てであり、屋根は萱葺、階段で二階へ上がるようになっている。また内部は上・下段に分かれ、北に三畳の下段があり入口が設けられていた。南に三畳の上段があり、東に料理所（水屋）があったという。

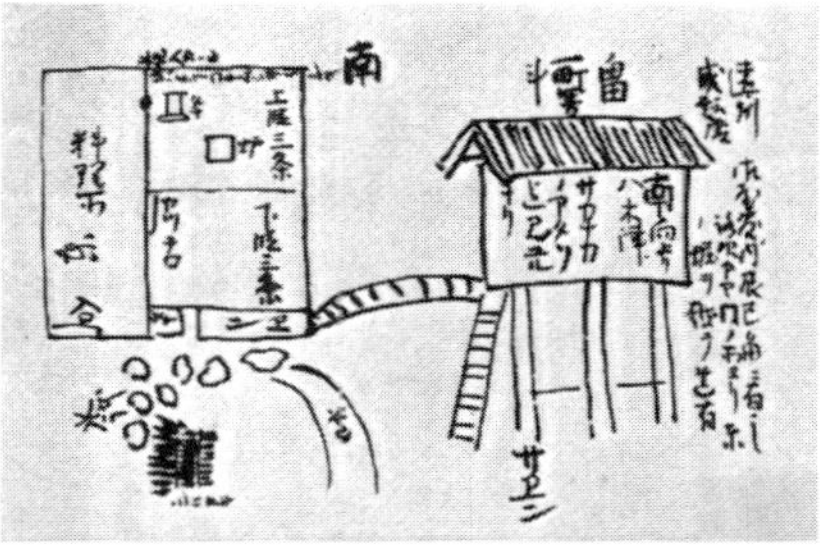

『甫公伝書』「伏見屋敷成趣庵指図」（宮内庁書陵部蔵）

時雨亭も屋根は萱葺、階段で上がるしくみをもつ上、北に下段、南に上段、東に水屋がある。また『起し絵』（前掲）を見ると幕末の頃には下段が三畳敷きであったことがわかる。やはり改造著しく、もとは上段も三畳敷きで床の間まで水屋であったとしたら、瓜二つということになり、改造跡からも成趣庵を移建した可能性が示唆できる。すなわち、傘亭・時雨亭は遠州が成趣庵を移建して、利休ゆかりの建物と廊下でつないだという仮説が成り立つわけだが、龍安寺石庭同様、今後の決定的証拠の発見に期待したい。

## 高台寺

*data*

### 成り立ち

豊臣秀吉の正室、北政所（ねね）が1606（慶長11）年に秀吉の菩提を弔うために開いた寺。創建当初は徳川家康の援助もあり、広大な寺域をもつ壮麗な寺であったが、度重なる火災に遭っている。

### 見所

現在残っているのは開山堂、表門、観月台、秀吉と北政所をお祀りしている霊屋、利休の意匠による茶席で伏見城から移建された傘亭、時雨亭等で、国の重要文化財に指定されている。春と秋には夜の特別拝観も行われている。

### アクセス

市バス「東山安井」下車、徒歩5分
京阪本線「四条」駅、徒歩20分

### 拝観

9:00～17:00（季節により変動あり）

### 拝観料

600円

### 駐車場

なし

### 問い合わせ

☎ 075-561-9966

### 所在

京都市東山区高台寺下河原町526

# 第十一章　作者と創建年代の謎

# 1　桂離宮

## 日本建築のシンボル

桂離宮は、江戸時代のはじめ、桂川のほとりに造られた貴族の庭園である。創建者は後陽成天皇の弟・八条宮智仁親王《はちじょうのみやとしひと》であり、その後長男智忠《としただ》親王によって二度の増築が加えられ、今日の姿に完成されたものである。

約七万平方メートルの敷地に池が掘られ、その掘った土で築山を造り、敷地中央に古書院《こしょいん》、中書院《ちゅうしょいん》、新御殿《しんごてん》が雁行する書院群が池を望む。また観月のための月波楼《げっぱろう》、中心的茶室の松琴亭《しょうきんてい》とその待合の役目をもつ卍字亭《まんじてい》や御腰掛《おこしかけ》、峠の茶屋に見立てた賞花亭《しょうかてい》、田畑を耕す農夫を愛でるための笑意軒《しょういけん》、八条宮家代々の位牌《いはい》を収めるための仏堂である園林堂《おんりんどう》など趣向をこらした数々の施設が庭園に配されている。それらは苑路で結ばれ、一周することで庭全体を鑑賞する廻遊式庭園である。

苑路には、この他門や舟小屋、橋や手水鉢、飛石や石灯籠が所狭しと植栽の中に配され、海の浜道や岩場、峠道や農村、蛍のやどる谷間や岬など変化に富んだ風景を創り出すのに成功している。昭和のはじめ、ドイツを代表する建築家ブルーノ・タウトがここを訪れ、「涙が出るほど美しい」と絶讃し、以後、日本建築のシンボルの一つといわれるようになった。

## 挫折の果てに、逃避の末に

創建者智仁親王は一五七五年、後陽成天皇の六人兄弟の末子として生をうけた。兄弟の中では最年少であったが、その知能は群をぬいており、一五八八年いまだ世継ぎのなかった関白豊臣秀吉に見出され、関白を継ぐべく養子となった。しかし翌年実子鶴松が生まれたため、秀吉は八条宮家を新たにつくって、智仁として独立させたのであった。

しかし第五章で触れた通り、鶴松はわずか三歳で逝き、その怒りを秀吉は朝鮮出兵に向ける。その計画によれば、秀吉は朝鮮に新たな国を造り、智仁親王をその国の天皇にする予定であった。鶴松を亡くした秀吉は、関白を甥の秀次に継がせたが、その後再び実子・秀頼が生まれ、秀次が邪魔となる。そこで一五九五年、乱心を理由に秀次へ切腹を命じたのであった。かつて秀吉の後継であった智仁親王は、この出来事をどんな気持ちで見ていたのだろうか。さらに一六一五年、大坂夏の陣で関白を継いだ秀頼が非業の死を遂げる成り行きを、智仁親王は複雑な心境で凝視していたに違いない。

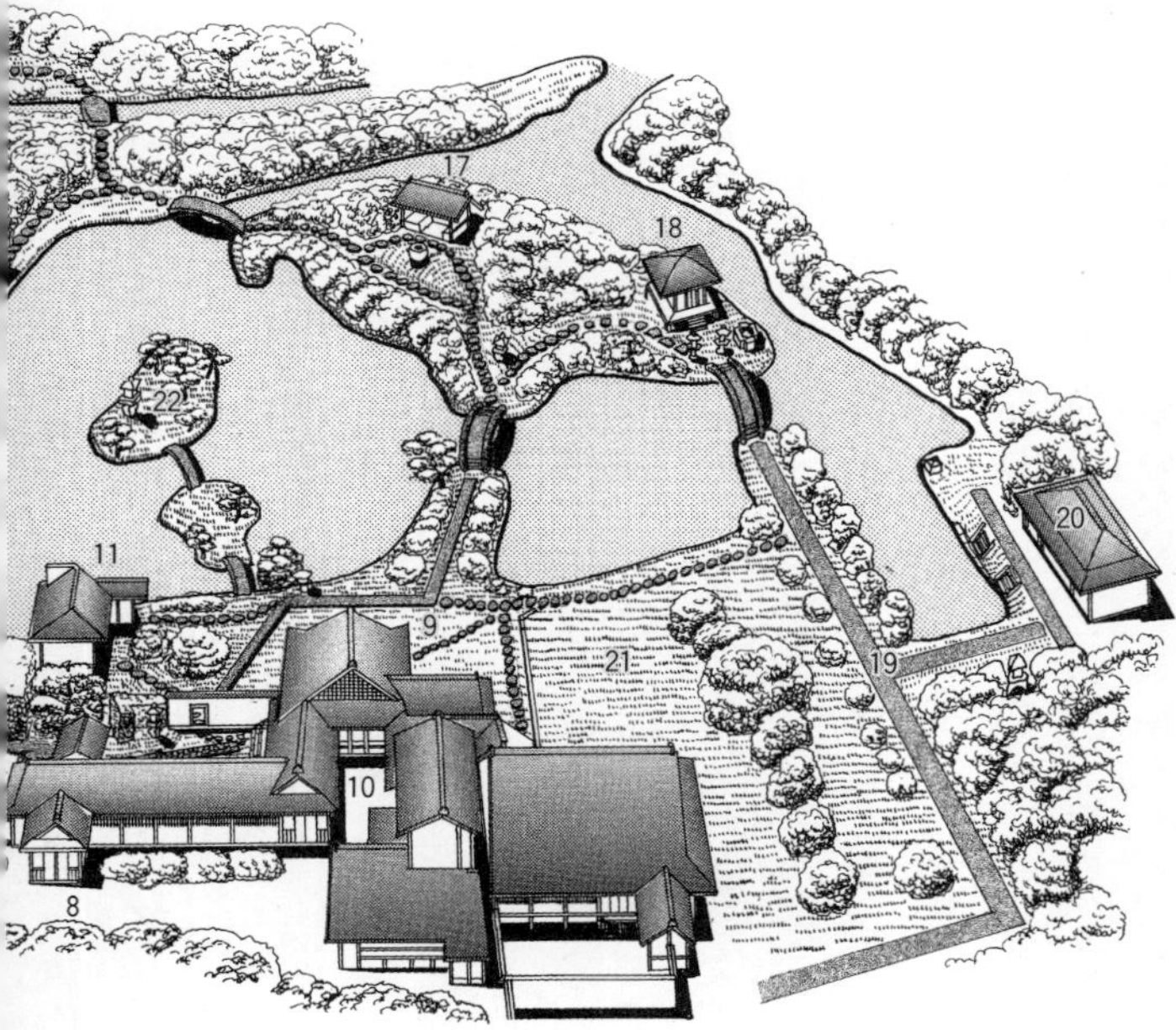
17
18
22
11
9
21
19
20
10
8
(m)
0
10
20
30
N

1 表門
2 御幸道
3 御幸門
4 御幸道
5 御舟小屋
6 土橋
7 住吉の松
8 中門
9 御輿寄前庭
10 古書院
（左より古書院、中書院、楽器の間、新御殿）
11 月波楼
12 紅葉の馬場
13 外腰掛
14 州浜
15 卍字亭
16 松琴亭
17 賞花亭
18 園林堂
19 梅の馬場
20 笑意軒
21 芝生の広庭
22 中島
23 池

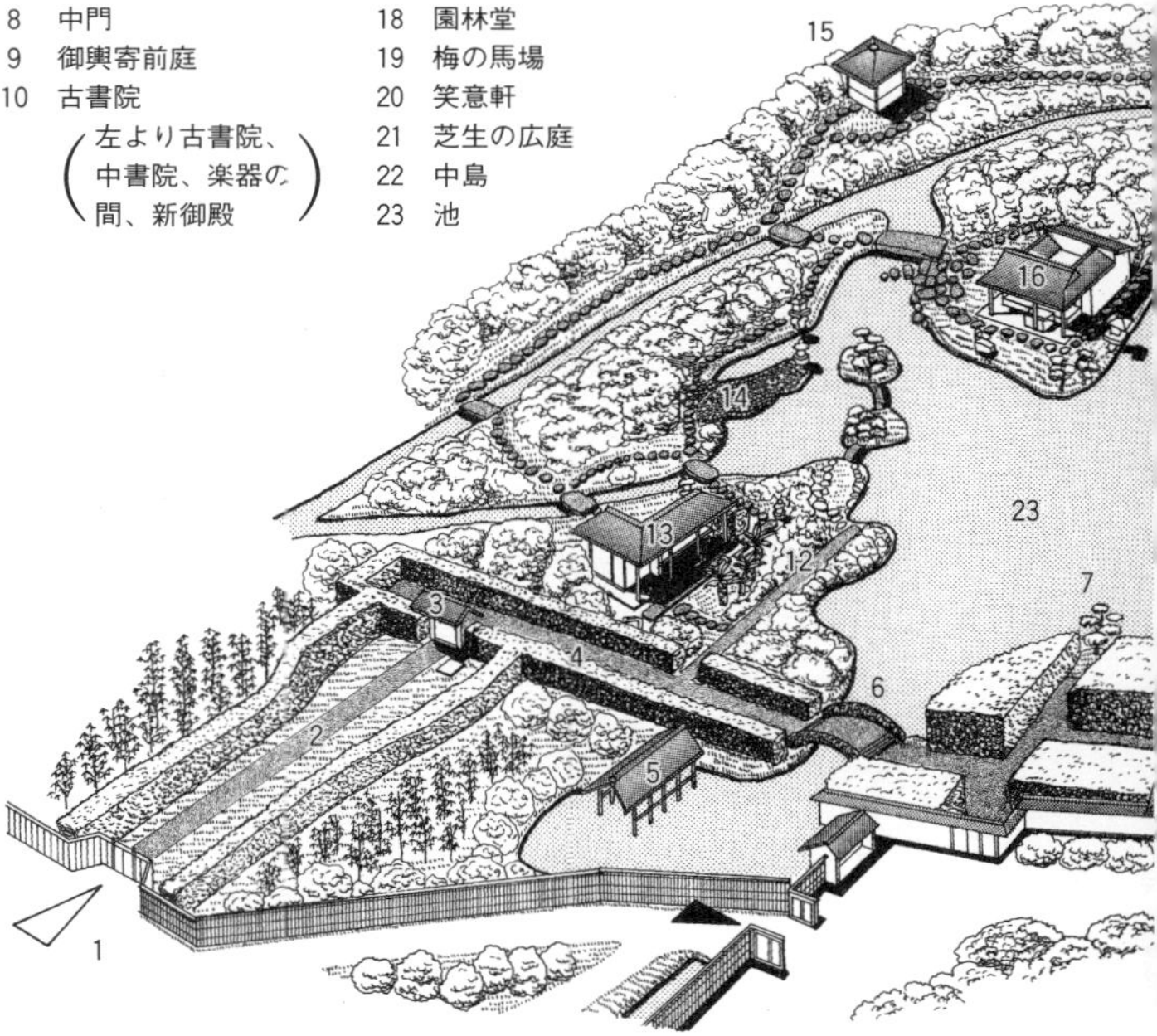


▷正式な入口
▶参観者入口

日本建築のシンボルの一つ
ともいわれる桂離宮庭園、鳥瞰図。

智仁親王の挫折はそれだけではなかった。一五九八年、後陽成天皇は実弟の智仁親王へ皇位を譲ろうとした。しかし将軍徳川家康が秀吉のもと養子で皇族きっての秀才を天皇にするはずはない。猛反対にあい、天皇を継ぐことができなかった。

このように、関白を継いで天下人となるチャンスや、天皇となる機会があったにもかかわらず、結局、智仁親王はその才能を発揮することなく夢破れたのであった。挫折の果てに、智仁親王は政治的才能を捨て、逃避の末に桂離宮の造営に打ち込んだのである。

**絶望の和歌**

一六二四年、桂離宮の第一期工事が完了し、現在の古書院と池庭が完成する。智仁親王は次の歌を桂離宮で詠んでいる。

一枝を折る身ともかな月の中の
　桂の里の住居成せば

雲は晴れ霧は消え行く四方《よも》の岑《みね》

中空清くすめる月かな

月にあるといわれる伝説の「一枝を折る」ような苦労を重ねた末、それを乗り越えてやっと桂離宮を創建した気持ちを「中空清くすめる月」に託したのである。また、

月をこそ親しみあかぬ思ふこと
言はむばかりの友と向ひて

智仁親王はここで月に語りかけている。関白として天下人になる野心も、天皇になる夢もなくし、孤独であったに違いない。月だけが真の友、心から語り合える唯一の友であると親王は言いたかったに違いない。

一六一九年には智仁親王の後継ぎ、多古麿《たこまろ》が誕生、一六二九年には元服して智忠《としただ》親王を名乗り、華やいだ空気に包まれた。しかし、それも束の間、智仁親王は同年次の句を発した。

今日きては心も軽し夏衣

「今日は夏着に着替えて心軽やかだ」やっと肩の荷が降りたと言い残し、その六日後、智仁親王はあの世へ旅立ったのであった。なぜかくもはかなく終わったのだろうか。

一六三一年、相国寺の昕叔顕卓《きんしゆくけんたく》は桂離宮を訪れ「荒廃甚《こうはいはなはだし》く、感慨懐旧《かんがいかいきゆう》はなはだ切《せつ》なり」とその荒れようを嘆いている。顕卓は、この七年前にも桂離宮を訪れ、その時は「天下の絶景」と賞した同じ庭を、である。智仁親王の没後、桂離宮は荒れるにまかされていた。元服したといっても未だ十三歳の後継ぎ智忠親王には、相次ぐ天変地異で荒廃していくのを見守るしか術がなかったのである。

この頃の智忠親王の歌が残っている。

なく虫の声もあはれにすむ月の
　淋しさいかに　あさじふの庭

月を身の友とて向うよもすがら
　思うことなき　窓のうち哉《かな》

親王の絶望がひしひしと伝わってくる和歌である。しかし、いつまでも手をこまねいて見ているわけにはいかない。一六四一年、ついに智忠親王は桂離宮の増築に着手、荒廃した古書院を修復し、さらに中書院を増築、松琴亭、月波楼、賞花亭、笑意軒、外腰掛、卍字亭などの庭園施設を造営した。

## 止まらない悲劇

一六四七年、智忠親王の妹で、西本願寺良如のもとへ嫁いだ梅宮が桂離宮に招待されている。『梅宮消息』によれば「目を驚かし」「よそではこんなことはできない」と参加者が口々に絶讃したという。

父を早く亡くし、兄思いの梅宮は、この他数多くの手紙を兄に送った。ある時は「桂の涼しさがうらやましい」としつつも暑さに疲れていないか心配し、冬は冬で風邪をひかぬようにと兄を心配している。また病弱なため桂で静養する兄へ「桂においでになり、具合よくなってうれしく思います。お薬をきちんと飲んでいますか。大切なお身体ですから、どうぞゆっくりと御休養下さい」と心配するのだった。

ある冬の日には次のような内容であった。

「桂へおいでになり、御機嫌よく御食事を召し上がっているか心配です。すそが冷えるといけません。油断せずご休養下さい」

そして、桂離宮で遊んだ翌年が最後の手紙となった。

「もう一度お兄様と桂の月を見たい」

そう書き残して梅宮は二十九歳の若さではかなくあの世へ逝ったのである。智仁にしろ、智忠にしろ、こうした宮家のはかない死こそが、桂離宮の美の本質であるような気がする。

身体が弱く結核を病んでいた智忠親王は、後継ぎに恵まれず、一六四四年後水尾院の皇子を養子にした。三代目は穏仁《やすひと》親王と名乗ることになり、こうした事情から、後水尾院を桂離宮に招く機会に恵まれた。そのため、智忠親王は病身にむち打って桂離宮へ第三期増築を施すことになったのである。すなわち中書院へさらに後水尾院のための新御殿を増築、院専用の御幸《みゆき》門や御幸《みゆき》道を造り、一六六二年には、ほぼ現在の姿に整えられた。

しかし、桂離宮の完成をみたこの年、その造営に全精力を使い果した智忠親王は翌年の後水尾院行幸の晴れの日を見ることなく、四十四歳の若さであの世へ旅立ってしまったのである。

一六六三年、桂離宮への後水尾院行幸は無事行なわれ、招待された金閣寺の鳳林承章《ほうりんじようしよう》は「凡眼を驚かす」「言語を絶する」と桂離宮の完成度を賞している。しかし、この行幸の二年後、三代を継いだばかりの穏仁親王までが、わずか二十三歳で逝ってしまう。その後も不幸が続き、一六六九年には智忠親王の母常照院が没し、また一六八〇年には後水尾院も崩御《ほうぎよ》、もはや桂離宮の由緒を直接語ることができる人は全ていなくなった。

その後、八条宮の四代、五代は後西《ごさい》上皇の皇子が継いだが、四代長仁《おさひと》親王は一六七五年に二十一歳、五代尚仁《なおひと》親王は一六八九年に十九歳という若さで早世《そうせい》。まるで呪われたかのような不幸の連続から、次の霊元《れいげん》天皇の皇子作宮《さくのみや》からは不吉な「八条宮」を「常磐井宮《ときわいのみや》」と改名、しかしそのかいもなく、作宮は元服も待たず、わずか四歳で夭逝《ようせい》した。

このような相次ぐ悲劇のため、後継ぎをたてることはしばらくはばかられ、七年後の一六九六年には、今度は「常磐井宮」を「京極宮《きようごくのみや》」と改め、六代文仁《あやひと》親王がたてられた。六代から八代までは、なんとか継承したものの、その後は四十年間もの間、相続希望者はもはやあらわれなかった。そこで九代からは「京極宮」を再び「桂宮《かつらのみや》」と改名したが、再び非常事態となって九代盛仁《たけひと》はわずか二歳で、十代節仁《みさひと》も四歳で没し、と不幸がとどまらず、ついには一八八一年、十一代淑子《すみこ》内親王をもって断絶した。

そして桂離宮だけが主人を失ったまま、現在も桂川のほとりに、ひっそりとたちつくしているのである。

## 2　遠州作の真偽

### 遠州しか知らないはずの手法

宣教師から小堀遠州に天皇の命令で西欧文化が伝えられた。その後、彼が手掛けたほとんどの宮廷庭園や石庭、あるいは自らの隠居所に同時代ヨーロッパのルネサンス・バロック庭園・建築特有の西欧手法が実践されたことは既に繰返し観察した通りである。

第八章で触れた通り、宣教師の記録によれば、後陽成天皇と宣教師を結びつけた人物こそが、この智仁親王であり、遠州に西欧文化が伝えられる発端をつくった張本人である。そのような成り立ちをもつ上、遠州が宮廷担当作事奉行をつとめた時期に造られた宮廷庭園の一つであるにもかかわらず、現在の定説では桂離宮の作者は遠州ではなく、智仁、智忠父子自身となっている。

実のところ、一九五〇年頃までは、幕末の史料『桂御別業之記』に遠州作とあることから、江戸時代を通してずっとそう信じられてきた。現に桂離宮には「遠州好み」と呼ばれる彼独特の手法を数限りなく発見することができる。また、これから詳細に観察する通り、この桂離宮には、遠州しか知らないはずの同時代西欧手法が充ち満ちているのだ。筆者は近年、いくつかの拙書で、この定説に疑問を投じてきた。そこで今回は桂離宮の作者が遠州かどうかについて考えてみよう。

桂離宮の遠州作を否定し、領主である八条宮自身の設計として定説化させたのは、庭園史家の森蘊《おさむ》氏である。以下森氏の五つの根拠を掲げる。

1　遠州の業績をまとめた『小堀家譜』に桂離宮の記載がない。

2　遠州は江戸詰めのため、創建時、第二期造営（一六四二年）に関わるのは無理。第三期造営（一六六二年）時は既に没している。

3　その頃、遠州は六十四歳。視力衰え、足腰不自由であり、一六四七年に没。

4　徳川幕府と宮廷は対立しており、特にもと豊臣秀吉の養子であった智仁親王の造営に、幕府作事奉行が関与するのは無理。

5　智仁親王について『にぎわひ草』に「御作意ならんかし」とあり、また智忠親王についても『常照院消息《じようしようしんしようそく》』に「思し召すまま」と記され、親王父子自らの設計とみられる。

しかし、次に述べる通り、森氏の説にはいくつかの矛盾があり、また見落としが散見できる。筆者は以下の九点から、桂離宮の第二期造営の際の三ヶ月間、遠州が関与したのではないかと考えている。

1　第二期造営は、遠州が茶道指南をする三代将軍家光の娘・和子の養女である加賀前田家の富《ふう》姫と智忠親王の婚儀に合わせたものである。よって宮廷担当の幕府作事奉行・遠州が関与しなかったとは考えにくい。

2　遠州は前田家の茶道・建築顧問であった。前田家の婚儀に合わせた造営に遠州が関与しないはずはない。現に桂離宮松琴亭茶室には、加賀奉書紙を用いた遠州好みの襖が存在する。

3　第二期造営時の一六四二年の七月から九月まで、遠州は明正院御所《めいしょういんごしょ》の造営のため京都に滞在しており、この時桂離宮の造営に関与するのは可能。

4　同期間、遠州の配下として明正院御所の襖絵を描いた幕府御用絵師・狩野探幽《かのうたんゆう》、尚信《なおのぶ》、安信《やすのぶ》三兄弟が桂離宮の襖絵を描いた。遠州だけが桂離宮に関与しないというのも考えにくい。

5　同年、『式部《しきぶ》卿宮《きょうのみや》御物好《ぎょぶつごのみ》之《の》茶道具《ちゃどうぐ》』（宮内庁書陵部蔵）によれば、直接遠州が智忠親王と対面している。

6　桂離宮には、特に第二期造営時とみられる箇所に明らかな遠州好みの意匠が集中し、かつ遠州しか知らないはずの同時代西欧手法が数多く指摘できる。これほど高密度の遠州特有の手法を一皇族がどうやって学び実践したのか疑問。

7　遠州の隠居所・孤篷庵《こほうあん》や南禅寺方丈庭園、前田家の金沢城内茶室など、全く現場を訪れることなく造営された遠州作品は数多い。たとえ第二期造営時に彼が老いていたとしても、図面による遠隔指示のみでも造営は十分可能。

8　『小堀家譜』には大徳寺方丈庭園など、遠州作が明らかにもかかわらず、記載がない作品が数多い。桂離宮について記載がなくても遠州関与否定にはならない。

9　『桂宮《かつらのみや》覚書留《おぼえがきとめ》』（宮内庁書陵部蔵）によれば、智忠親王が将軍より桂離宮建設費を賜っていることから、第二期造営は幕府公認の工事であることがわかる。またその際「よき約束」をしたといい、以降それに該当する事項がないことから、この約束が遠州、狩野三兄弟の派遣を意味している可能性が高い。

以上、確証がないので断言こそ避けなければならないが、現在の桂離宮の定説が数多くの疑問をはらんでおり、未だ遠州関与の可能性が濃厚に残っているとだけ指摘しておこう。

## 日本建築のシンボルに多数の西欧手法が

桂離宮はすでに述べた通り、前述の西欧手法が実践された宮廷庭園とほぼ前後して、同様に宮廷庭園の一つとして造られたため、例にもれずヨーロッパのルネサンス・バロック庭園の手法が数多く指摘できる。

ルネサンス・バロック庭園は、日本の自然風景式庭園に対して整形式庭園と呼ばれ、視覚的トリックや幾何学を駆使して人工的な美を庭に構成するのを特徴とする。とりわけパースペクティヴ及びヴィスタと呼ばれる遠近感を強調する手法、そして黄金分割と呼ばれる一対一・六一八の比によって平面を分割する手法がしばしば用いられた。興味深いのは、これらの西欧手法が桂離宮にも数多く認められることだろう。

まずパースペクティヴについて観察すると、桂離宮の中心御殿である書院群の玄関にあたる御輿寄前庭《おこしよせまえにわ》が代表的な例といえる。すなわち、中門が向かって右側の縁側に三度傾いているため、目前の方柱切石《ほうちゆうきりいし》の手水鉢《ちようずばち》をアイストップ（目印）とすると、先細りの空間が造り出され、その結果遠近感が強調されるのである。また中門を入ってすぐの足元の「くの字」

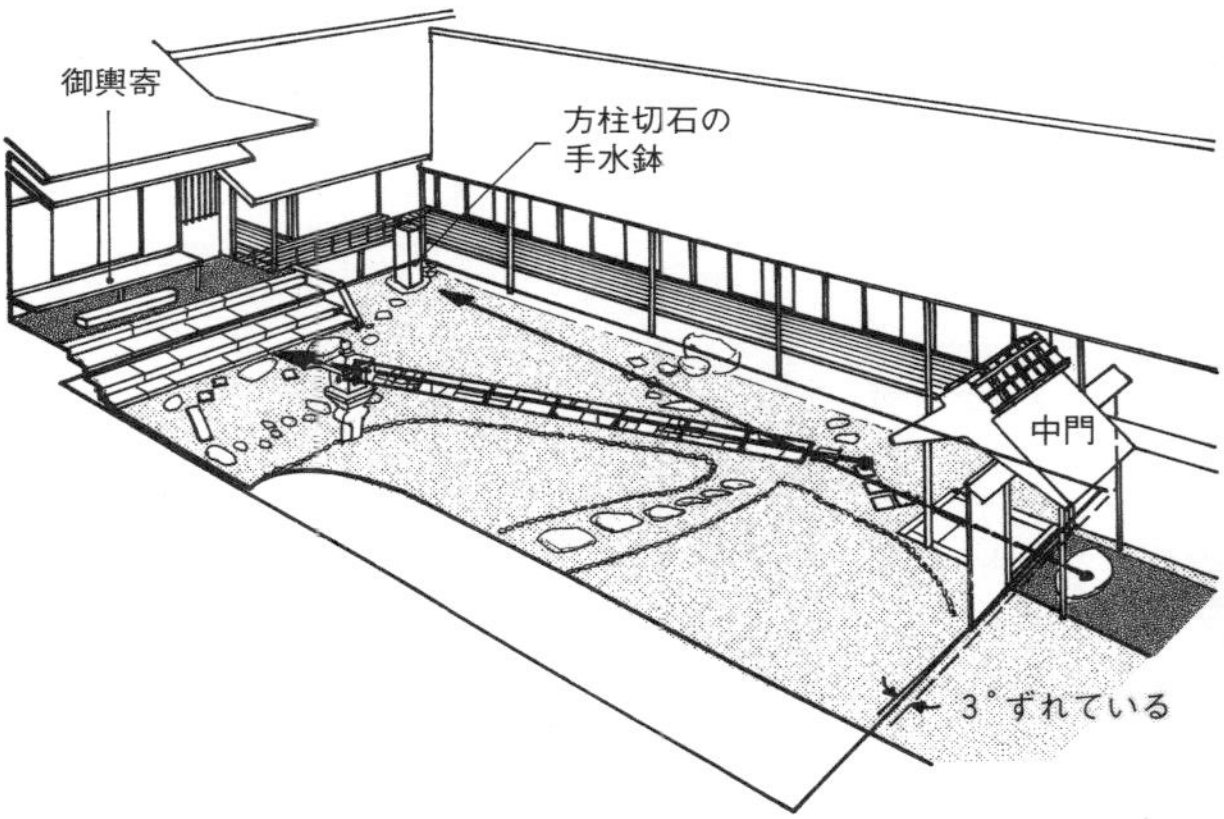


御輿寄前庭に見られるパースペクティヴ。

御輿寄前庭中門

型の飛石の間隔が等差数列となっている点、中庭中央の「真の飛石」と呼ばれる延段《のべだん》が御輿寄（書院群の入口）に向かってずれて配された点など、まず桂離宮の入口に集中的にパースペクティヴの手法が用いられていることがわかる。

亀甲岬、ヴィスタの例。住吉の松がアイストップ。

この他、紅葉《もみじ》の馬場《ばば》や御幸門《みゆきもん》と表門の間の道が先細りとなって遠近感を強調する例、外腰掛前の延段がずれて配され、その両端の手水鉢や灯籠をアイストップとすると、先細りの空間が造り出されて遠近感が強調される例など、庭園の随所に散見することができる。また、単に庭園に限ったことではなく、書院群の内部にも散見でき、新御殿の先細りの畳縁による遠近感の強調、中書院の袋棚下段の傾斜による効果など枚挙に暇がない。

次にヴィスタについて観察すれば、一本の「住吉の松」をアイストップとして視覚の両脇を四角く刈り込まれた生垣で遮断した亀甲岬の例、園林堂をアイストップとして伸びる道の両脇を梅、桜などの樹木で遮断した梅の馬場の例など際限なくあげることができる。建築家のブルーノ・タウトが涙を流して絶讃したことで知られる古書院二の間の月見台の眺めも額縁を通して庭園を切り取って見せるピクチャーウィンドーによるヴィスタの手法である。

さらに黄金分割について観察すると、前述の御輿寄前庭自身の縦横比やその中央を横切る「真の飛石」と呼ばれる延段が七つの黄金比をもつ四角形で構成されている例、書院群の平面や立面の形状、書院群内部の桂棚や水仙の釘隠しが複雑な黄金分割によって構成されていることなど数限りない。

この他、三回の造営によって完成された桂離宮において、最初に建てられた古書院正面の月見台を中心に円を描くと、敷地境界線が円にぴったり内接する。また敷地内のほとんどの要素の軸線を延長すると、敷地境界線上の一点に集中する上、中でも梅の馬場と紅葉の馬場の軸線が四十五度の角度をなすなど、配置計画全体が幾何学的に決定されたことがわかる。日本庭園がその土地の特性をそのまま生かして自然の縮図を構成する自然風景式庭園であるのに対し、このような配置は、明らかに同時代ヨーロッパのルネサンス・バロック庭園の整形式庭園の造り方といってよいだろう。

その他、一見して西欧の影響とわかるのが、笑意軒のビロードの腰張りである。ビロードはスペイン・ポルトガル原産の織物であり、同時代にフランスで造られた庭園建築であるべルサイユ宮殿のカーテンなどにも用いられており、宣教師が皇族や権力者への献上品として日本にもたらしたものである。桂離宮にもベルサイユ宮殿同様、インテリアとして用いられているのが興味深い。

また、外腰掛前にはソテツの植栽があるが、これも宣教師がポルトガルの植民地ゴアなどから献上のために日本にもたらしたもので、京都のキリスト教会を描いた扇面の描写が日本における初見である。このソテツは、遠州好みの植栽としても知られ、彼が手掛けた二条城二の丸庭園には同様のソテツとそれを眺める「ソテツの間」という建物がある。

さらに桂離宮松琴亭茶室には、青白チェックパターンの襖があるが、これも遠州好みとして知られ、用いられている青は、マリンブルーという日本の青とは異なるオランダデルフト焼などにみられる色である。この他、桂離宮には七本にも及ぶ織部灯籠があるが、これも遠州好みである。竿が十字架型でキリスト像に似た彫込みがあることからキリシタン灯籠とも呼ばれる。このように桂離宮には遠州の好んだ西欧手法が充ち満ちているのである。

日本建築のシンボルといわれる桂離宮に西欧手法が多数混入していることは、実に興味深いといえよう。

## 桂離宮

*data*

### 成り立ち

もとは八条宮家の別荘として江戸初期に造営された。完成に35年余りを費やし、竹やぶに囲まれた5万6000平方メートルの敷地には、苑池を設け、松琴亭、賞花亭などの茶亭や書院を配している。

### 見　所

中央に心字池があり、その周りに書院など7つの茶亭を配した回遊式庭園。松琴亭、賞花亭、笑意軒などの茶亭、さらに別荘建築の古書院、中書院、新御殿。内部の襖絵なども見ごたえがあり、庭と建築の総合芸術とも称される。

### アクセス

阪急京都本線、嵐山線「桂」駅下車、徒歩20分

市バス「桂離宮前」下車、徒歩8分

### 拝　観

事前申し込み（p.281参照）

参観開始時間（所要時間約1時間）

9:00、10:00、11:00

13:30、14:30、15:30

### 拝観料

無料

### 駐車場

あり

### 問い合わせ

☎ 075-211-1215（宮内庁京都事務所）

### 所　在

京都市西京区桂御園

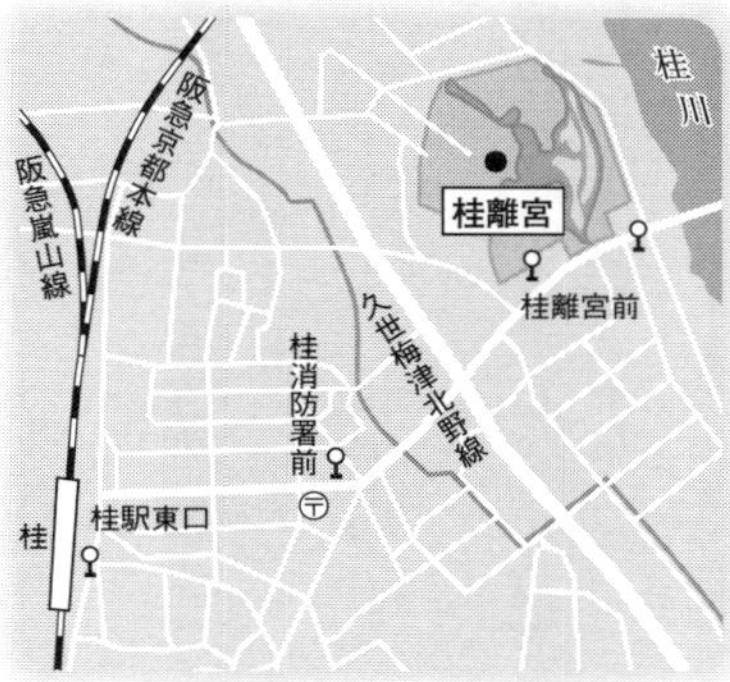

## 3　曼殊院――桂離宮との類似性

### 「小さな桂離宮」

曼殊院《まんしゅいん》は京都の東北、比叡山のふもとに位置する天台宗の寺院である。代々皇族が跡を継ぐ宮門跡《みやもんぜき》寺院として知られる。現存する庭園建築が造られたのは一六五六年。桂離宮を創建した八条宮智仁親王の次男・良尚法親王《りょうしょうほっしんのう》によって造営された。

ちなみに桂離宮は、智仁親王の長男・智忠《としただ》親王によって一六六二年、現在の姿に完成されている。また、曼殊院にほど近い修学院離宮は一六五九年、智仁親王の甥にあたる後水尾《ごみずのお》院によって造営された。つまり、これら三つの庭園建築はほぼ同年代に、血縁関係のある皇族たちによって造られたことがわかる。

智仁親王や後水尾院がキリスト教宣教師と関係のあったことや、とりわけ宮廷と宣教師を結びつけた張本人こそが智仁親王であったことは既に触れた通りである。また、智仁・智忠親王父子によって造られた桂離宮への西欧文化の影響についても詳細に観察した。

親族の良尚法親王の造った曼殊院は、桂離宮に共通したデザインを多数もつため、俗に

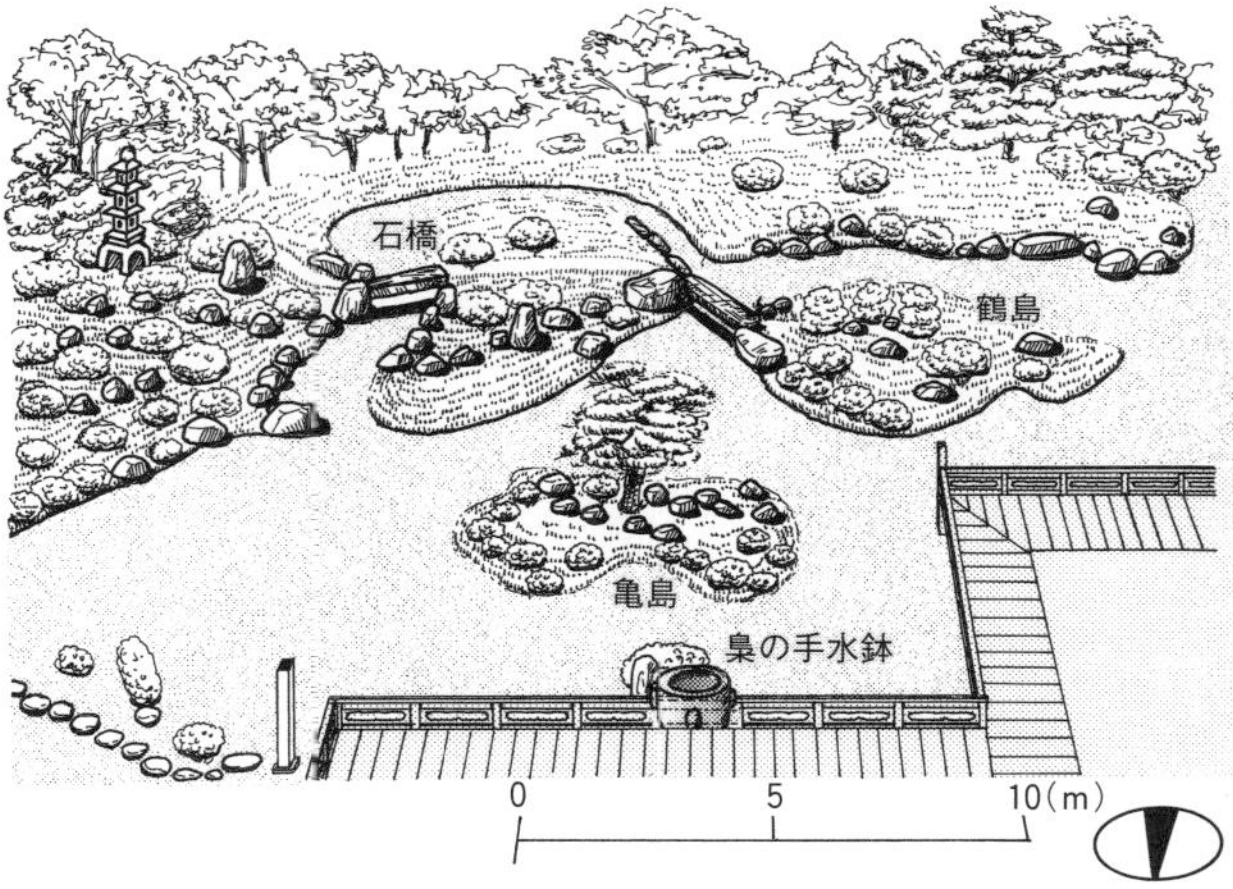


曼殊院庭園鳥瞰図。ブルーノ・タウトも絶讃した。

「小さな桂離宮」とも呼ばれている。この建物の設計にあたり、兄・智忠親王のアドバイスがかなりあったとみられている。

一方、曼殊院の八つの窓をもった八窓席《はっそうせき》と呼ばれる茶室は、小堀遠州の好みであり、茶室の外、書院等にも桂離宮と共通した遠州好みの意匠が散見できる。智仁親王の斡旋によりその兄、後陽成天皇が宣教師に命じて、宮廷付工人・遠州に西欧文化が伝えられたこと、そして桂離宮の西欧手法について遠州関与の可能性が高いことを示唆してきたが、この曼殊院についても遠州関与の伝説がある。

しかし、遠州が没したのが一六四七年、曼殊院はその後の一六五六年の創建であり、時期のずれから遠州の曼殊院関与については否定せざるをえない。

この建物を造った良尚法親王は、天台座主も務めたが、その立場からキリスト教を研究したといわれ、庭園史家・森蘊氏によれば、キリスト教の洗礼に用いる聖杯（カリス）などの道具を、灌頂《かんじょう》儀式に応用したという。現に曼殊院には十七世紀スペイン製のワイングラスとワインボトルが現存する。ワイングラスは青いガラス製の耳が付いた凝った造りで、ワインを飲むには非常に小ぶりであることから、おそらく洗礼に用いたカリスであると思われる。

また、ワインボトルも二本一対であり、緑色のガラス製、ねじり式の錫製のキャップがつ

十七世紀スペイン製のワインボトル。

同ワイングラス。

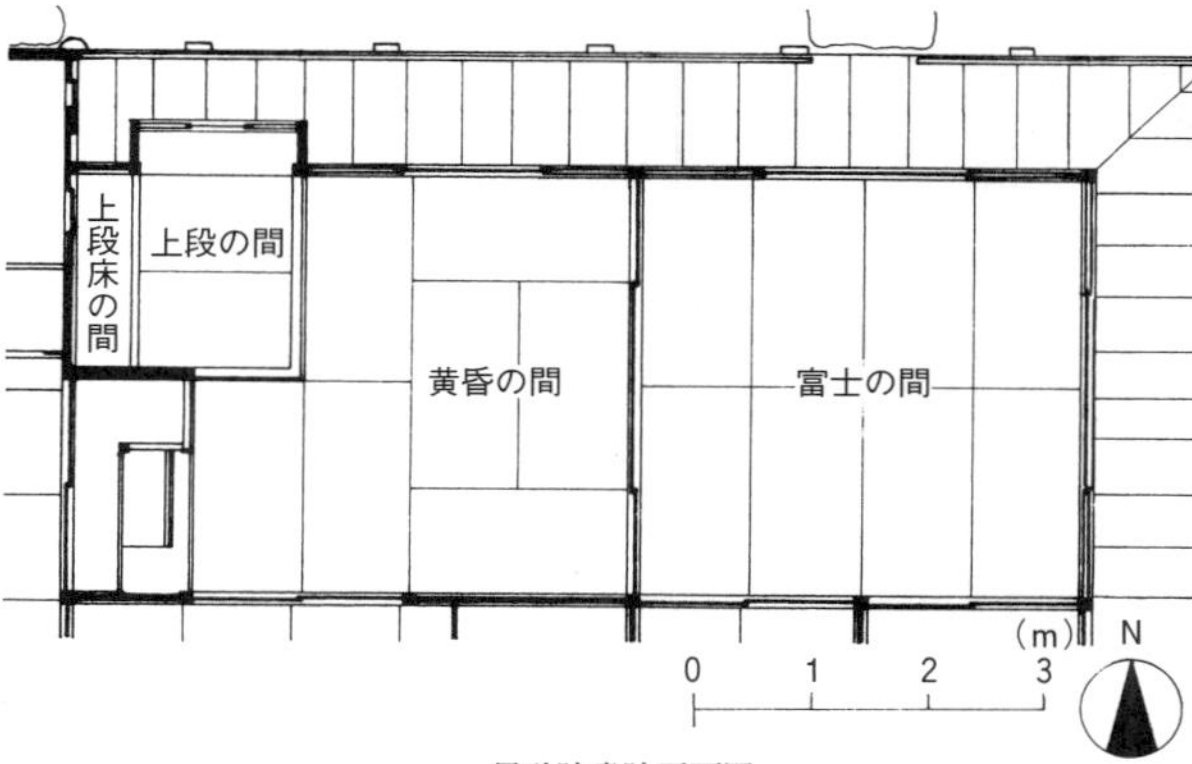


曼殊院書院平面図

いた珍しいもので、共に現在長崎周辺に残る当時のビードロ（ガラス）製品とは比較にならない高級品である。たぶん宣教師から皇族への献上品の一つだろう。桂離宮にみられるソテツやビードロといったものも、当初は宣教師の献上品として日本にもたらされたものである。

## 西欧手法が随所に

それでは曼殊院の建築への西欧文化の影響の有無は果してどうだろうか。

中心御殿である書院を観察すると、手前より富士の間、黄昏《たそがれ》の間、上段の間のそれぞれについてその奥行き方向の長さが、二間、一・五間、一間と等差数列によって減少していることがわかる。実はこのしくみは遠近感を強調するためのパースペクティヴ

縁側につけられた手すり。奥に向かって高さが減じられている。

の手法であり、同時代のヨーロッパのバロック教会にしばしば用いられ、例えばサンタ・マリア・ノヴェッラやサンツェーノ教会など枚挙に暇がない。曼殊院の書院の場合、一番奥の上段の間が一段高くなっている上、幅も半分に狭まっており、ここに座する法親王がアイストップとなってさらに遠近感が強調される巧妙さである。

また、書院の縁側につけられた手すりを観察すると、奥へ向かって巧みに高さが減じられている。ここにも遠近感を強調するパースペクティヴの手法が用いられていることがわかる。このような先細りによるパースペクティヴは、桂離宮にも御幸道や紅葉の馬場、御輿寄前庭や外腰掛前の延段、新御殿の縁側廊下など多数見られたことはいうまでもない。

桂離宮では、複雑な構成をもつ桂棚について、やはり、同時代ヨーロッパで大流行した一対一・六一八の比で平面を分割する黄金分割の手法を指摘したが、この桂棚と類似した意匠をもつことで知られる書院奥の曼殊院棚を分析してみると、やはり同様に複雑な黄金分割が用いられてデザインされていることがわかる。

さらに庭園へと目を向けると、ここにも桂離宮と同様、キリシタン灯籠がある。特に曼殊院のものは、上部がなく竿だけである上、その形が丸みをもたず、完全な十字架型となっているのが興味深い。この他曼殊院灯籠と呼ばれる特殊な竿の形状をもつもの、梟《ふくろう》の手水鉢と呼ばれるもの等、斬新な意匠の石造物が数多い。

桂離宮の美を「発見」したことで知られるドイツの建築家ブルーノ・タウトは、三年半の滞在のあと、トルコへ去る直前に曼殊院を訪れて絶讃している。当時は未だ曼殊院は遠州作と信じられていた時代である。タウトは『画帖桂離宮』に、遠州の墓へ手向けの花を贈っているいると記しているが、彼が曼殊院を訪れたのは遠州への別れの儀式であったのかもしれない。

## 曼殊院

*data*

### 成り立ち

天台宗の門跡寺院の一つ。伝教大師(最澄)の創建で、もとは比叡山の西塔北谷にあって東尾坊といわれていたが、平安時代に曼殊院と改められ、江戸時代1656(明暦2)年に現在地に移転した。

### 見所

現在の曼殊院は桂離宮を造営した智仁親王の子・良尚親王が造営したもので、桂離宮の美意識が息づく江戸時代初期の代表的な書院建築となっている。枯山水庭園は枯滝と鶴島、亀島の絶妙な配置で名勝に指定されている。

### アクセス

市バス「一乗寺清水町」下車、徒歩15分

### 拝観

9:00〜17:00(16:30受付終了)

### 拝観料

500円

### 駐車場

あり (普通車50台、料金/無料)

### 問い合わせ

☎ 075-781-5010

### 所在

京都市左京区一乗寺竹ノ内町42

# 第十二章　反骨の天皇の内なる声

## 1　修学院離宮

### 後水尾院自ら設計した別荘

修学院離宮は、京都の東北、比叡山にほど近い広大な斜面に、上、中、下のそれぞれ独立した三つの御茶屋を苑路でつないだ別荘である。

後水尾院（天皇から上皇、法皇となる）自ら設計、一六五二年から一六五九年頃にまず下と上の御茶屋が造られた。中御茶屋は同年代に皇女朱宮《あけみや》の御所として造営され、後水尾院の崩御後、菩提を弔うために林丘寺として寺院になっていたものを、明治以降離宮に加えられたものである。

下と中の御茶屋は、茶亭と小池をもつ小規模な庭だが、最も高所にある上御茶屋は、うってかわって巨大な池を中心とした廻遊式庭園となっている。寿月観《じゆげつかん》や楽只軒《らくしけん》、窮邃亭《きゆうすいてい》、隣雲亭《りんうんてい》などの茶亭を中心に、御舟小屋や腰掛、橋や門、灯籠や飛石、滝などが配され、庭に四季おりおりの変化を与える植栽が施されている。

昭和のはじめに来日し、桂離宮の美を絶讃したドイツの建築家ブルーノ・タウトは桂につ

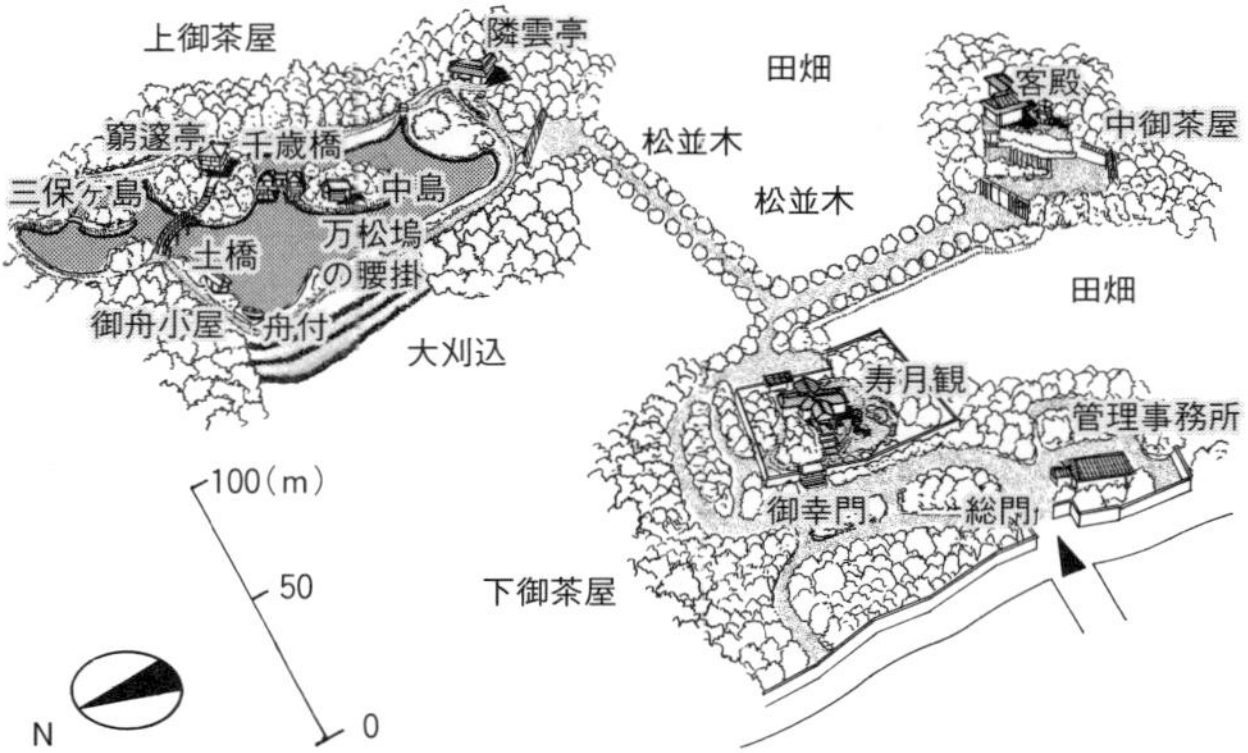


修学院離宮鳥瞰図。後水尾院自ら設計した。

いて「眼は思惟する」とその繊細さを評価したのに対し、修学院については「眼は見る」とその雄大さを絶讃した。両離宮は、ほぼ同年代に重なって造営された上、後水尾院は桂離宮を造った八条宮智仁親王の甥《おい》にあたる。同じ皇族、しかも叔父《おじ》と甥という身内によって造られたにもかかわらず、繊細と雄大という正反対の性格をもつことがわかる。しかも両者とも日本庭園の双璧と呼ばれる傑作となった点が興味深い。

　修学院離宮の見どころをあげれば、まず三つの御茶屋の連絡路であろう。下御茶屋の塀に囲まれた小庭より連絡路に出ると、突如視界が開け、比叡山、東山、北山の広大な景色が目前に立ちはだかり、人々は一瞬立ちつくして息をのむ、といった趣向である。

連絡路

上御茶屋

また連絡路は心細くなるほど見渡す限りの田畑の畦道となって続く。畦道の土手には、春ならばツクシが芽を出し、秋には彼岸花が鮮やかな色を添える。田畑には春には青々とした苗が、秋には燃え上がるような黄金色の稲穂が波打つ。壮大な田園風景を人工的に造り出すのに成功しているのである。ちなみに造られた当初は、敷地境界線に垣根すら設けられず、仕事を終えた農夫とすれ違うといったハプニングがあったといい、後水尾院はその姿すらも格好の和歌の題材として楽しんだという。

さらにもう一つ見どころをあげるとするならば、上御茶屋の浴龍《よくりゅう》池《ち》であろう。上御茶屋周辺は、元来三本の川が流れ込んでいたが、そこへ高さ約十五メートル、長さ約二百メートルの巨大なダムを造り、強引に川を堰き止め、途方もなく巨大な池を人工的に造り出したのである。しかも、その背後には霊峰比叡山を借景するという大胆不敵の景観である。

池の中島である三保《みほ》ケ島《がしま》は、固い岩盤を削ることができず、そのまま残したもので、龍が背を水面に出して水浴しているように見えることから、当初より浴龍池と呼ばれたという。

一方、池を堰き止めた無骨なダムは、刈込んだ生垣で一見それとはわからないようカモフラージュされる。この雄大な人工池を赤く染め、はるか彼方へ沈む夕日は格別である。

後水尾院の修学院行幸は、亡くなるまでに七十数回に及んだといい、いかにこの庭園が心にかなったものであったかがうかがえよう。

## 苦汁をなめた江戸時代初の天皇

幕府は一六一三年に五ヶ条の公家諸法度《くげしょはっと》、さらに一六一五年には十七条からなる禁中並《きんちゅうならびに》公家諸法度《くげしょはっと》という条令を出して、公家の活動を政治から切り離し、学芸の世界にのみ専念させようとしたことはすでに述べた。そして、それらの圧迫を最も強く受けた江戸時代最初の天皇こそが、後水尾院であった。

家康は、皇族に徳川の血を入れて外戚になる事を望み、家康の孫、すなわち秀忠の娘和子《まさこ》を後水尾院の正室として嫁がせようとした。いわゆる「和子入内《じゅだい》」である。一六一二年、交渉が開始され、この時わずか六歳の和子を押しつけようとする。しかし、その頃後水尾院にはお世津という女性との間に梅宮（加茂宮）という子供がいた。幕府は母子を処分した上で一六二〇年、和子入内を成功させたのである。

一六二七年には、さらに「紫衣事件《しえ》」が起きる。幕府は天皇の任命権にまで干渉し、沢庵《たくあん》などの高僧に与えた紫衣を無効とした上、流刑にしてしまったのである。

そして、天皇わずか三十一歳にして、幕府は天皇の隠居所仙洞御所《せんとうごしょ》を造り出す始末、「早く引退せよ」と告げられたのである。ついには無位無官の将軍の乳母というだけの春日局《かすがのつぼね》の拝謁。その日の家臣の日記には「帝道民《ていどうたみ》の塗炭《とたん》に落候事《おちそうろうこと》に候《そうろう》」と記されている。

後水尾院は、かつてこれほどの屈辱を感じたことはなかったに違いない。一六二九年、

芦原よ　しげらばしげれ
　おのがまま　とても道ある世とは思はず《わ》

という幕府への一撃を込めた一首を残して突如譲位する。そして和子の産んだ徳川の血をひく興子内親王が、わずか七歳で明正天皇として即位したのである。

この後水尾院の和歌には、実は本歌が存在する。一二二一年、「承久の乱」で鎌倉幕府に対して朝廷権力復活のために挙兵し、敗れて隠岐島へ流刑となった後鳥羽上皇の詠んだ次の和歌である。

奥山の　おどろの下も　踏みわけて
　道ある世ぞと　人に知らせむ《ん》

　つまり、承久の乱に敗れる前の後鳥羽上皇が「道ある世ぞと人に知らせむ」としているのに対し、後水尾院は、自らの絶望と後鳥羽上皇のその後の流刑を重ね合わせて「とても道ある世とは思はず《わ》」としている。すなわち江戸幕府に圧迫された自らの生活を流島生活にたとえたのである。

　後水尾院自らが造営に着手した修学院離宮の中御茶屋には楽只軒と呼ばれる茶亭がある。この建物の客殿内部一の間の杉戸には画面全体に網を描いた上、その網の中に振り返りざま、異様な眼光でギョロリとこちらを見すえている鯉が描かれているのだ。おそらくこの「網の中の鯉」は、後水尾院自身の境遇を描いたものではないだろうか。

　一方、金沢の成巽閣《せいそんかく》に後水尾院の筆という書が残されている。大きな紙面をはみ出さんばかりに、わずか一文字が躍っているのだ。

「忍」

茶亭の中にある「網の中の鯉」。

かつて加賀前田家三代藩主・利《とし》常《つね》に後水尾院が贈った文字である。前田家は、当時最大の百二十万石を領しつつも外様大名として幕府に危険視されていた。「決して武器をとることはありませんぞ」という態度表明のために、軍事費を極力抑え、文化活動に湯水のごとく金をつぎ込んだのであった。

忍の一文字は、いかにも後水尾院にふさわしく、かつ利常にふさわしい心のやりとりである。「お互い忍の一文字を胸に刻んで生きようぞ」という後水尾院の声が聞こえてくるような文字である。

### 修学院離宮が雄大なわけ

後水尾院の人生は、確かに表向きは「忍の一文字」であった。しかし後水尾院はこの屈辱の日々に、それほどへこたれたふしがない。実のところ、押しつけられたはずの妻和子とも仲が良かった。修学院離宮の行幸の際には、必ずといってよいほど和子の姿があった。それだけではない。後水尾院の皇子は実に十五名。皇女に至ってはなんと十七名。なんと三十二名もの実子があった。これは江戸時代の天皇として最高記録である。また後水尾院は五十一年もの院政をしいたが、これも歴代上皇の最高記録である。前述の通り、この間に四人もの我が子が天皇になるのを見守ったのだ。

さらに家康、秀忠、家光、家綱の四代将軍の死を見送り、八十五年の生涯を全うするのだが、これも実にその年齢がわかる天皇の中で、昭和天皇に次いで二番目にあたる。一方、その著述の量も四十以上に及び、天皇の記録としては空前絶後であろう。

結局は「忍」という悟りを開いたといっても重厚長大の人生を生きぬいたのである。この後水尾院の反骨心が最も形として残っているものこそが、六二歳の年に自ら着手したあの修学院離宮なのである。ブルーノ・タウトが「眼は見る」と評価したその雄大さこそ、設計者後水尾院の重厚長大の人生の反映なのではないだろうか。

この庭園の造営費のほとんどは、正室和子を通じて幕府が出費したといい、同時期の国家予算にも相当する費用を湯水のごとく使って完成されたものなのである。これを反骨心といわずしてどう解釈するのか。前に後水尾院が譲位の際、承久の乱で敗れて流刑となった後鳥羽上皇の歌を本歌とした和歌を詠んだことに触れたが、後水尾院はこの他にも後鳥羽上皇を強く意識した歌を数多く残した。中でも印象的なのが、一六三一年、後鳥羽上皇が流された隠岐島へ二十首奉納した内の一首である。

波風を　嶋のほかまで　おさめてや
世を思ふ道に　春もきぬらむ《ん》

この和歌はおそらく後鳥羽上皇への語りかけである。すなわち、私たち皇族を見守っていてほしい。かつてあなたが鎌倉幕府に対して朝廷権力復活を望んだように、私たちも江戸幕府に対して、いつか必ず一矢報いよう。そう語りかけているのではないだろうか。

まさに後水尾院は、嵯峨—清和—後鳥羽—後醍醐と続いた反骨の皇族の系譜にあったのである。かつて関東に初めて造られた政治機関が鎌倉幕府であり、それを復活させたものが江戸幕府である。そして鎌倉幕府討幕をめざした後鳥羽上皇の復活者こそが、後水尾院その人だったのである。

# 修学院離宮

*data*

## 成り立ち

後水尾上皇を慰めるため、1656（明暦2）年に徳川家光の援助で造営された離宮。比叡山、音羽山の裾野に広がる広大な敷地に、松並木で結ばれた下御茶屋、中御茶屋、上御茶屋という3つの庭園が配されている。

## 見　所

下離宮には、創建時では最大の建物の彎曲閣があったが、比較的早い時期に失われ、今は南を庭園に囲まれた寿月観が残っている。中離宮には、薬只軒と客殿があり、やはり南に庭がある。上離宮は修学院離宮の本領であり、谷川をせき止め浴龍池と呼ばれる大きな池を中心ににすえた回遊式庭園となっている。

## アクセス

叡山線「修学院」駅下車、徒歩20分
市バス「修学院離宮道」下車、徒歩15分

## 拝　観

事前申し込み（p.281参照）
参観開始時間（所要時間約1時間20分）
9:00、10:00、11:00、13:30、15:00

## 拝観料

無料

## 駐車場

なし

## 問い合わせ

☎ 075-211-1215（宮内庁京都事務所）

## 所　在

京都市左京区修学院藪添

## 2　円通寺

### 比叡山へのあこがれ

後水尾院は、修学院離宮を造営する前に岩倉《いわくら》、長谷《はせ》、幡枝《はたえだ》の三箇所に別荘をもっていた。このうちの幡枝御殿を寺院にしたのが円通寺である。

山の斜面を削って整地した際、あらわになった岩盤をもとに、さらに四十個ほどの石組を配し、生垣、杉の木立、竹藪越しに霊峰比叡山を大胆に借景して雄大な景観を造り出すことに成功している。石組を施した長方形の平庭は、みごとな厚い苔におおわれ、ところどころにサツキの刈り込みが彩りを添えている。

後水尾院は茶道、立花、詩歌等、様々な芸能に秀でた人物であり、退位後はまさに「寛永文化サロン」の中心人物となっていた。それらの芸能の「舞台」となる遊戯施設を造ることが、法皇の第一の目的だったのであろう。問題はそれを実際にどこへ営むかということである。きっとその山荘の建つ場所の条件ともいうべきものも、このときすでに決まっていたに違いない。

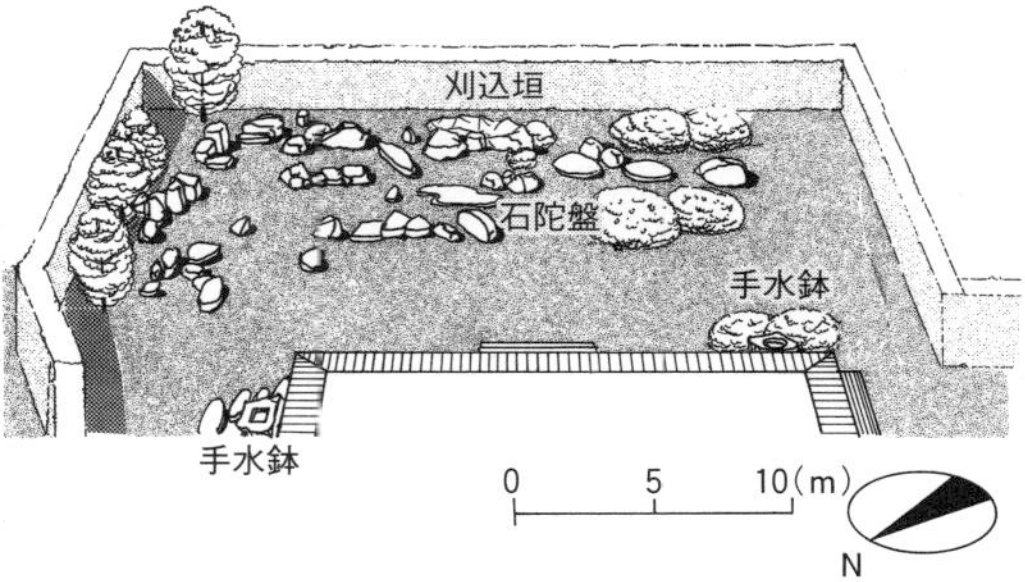


円通寺庭園

それはおそらく、桓武天皇が平安京を造って以来、自らを含む歴代天皇を悪霊や鬼から守り続けている比叡山を拝むことができる場所だったのではないだろうか。法体となる四年前の一六四七年には、早くも庭園に詳しい金閣寺の住職鳳林承章らに命じて、衣笠山麓に適地を探させたが、ここにはすでに金閣寺や龍安寺など、古くからの別荘が禅寺として栄え、思わしい敷地が見当たらなかった。

また、後水尾院自ら出掛けては、比叡山を望むことができる山荘の地を物色したりもした。

例えば、一六四七年には、東福門院（のちに出家した和子）とともに、後水尾院の実弟・道晃法親王の長谷の別荘に出向いている。お忍びの御幸であったとはいえ、相当の数の供を引き連れ、よく晴れた初冬の一日を松茸狩りをして楽しみ、また付近の物色にも余念がなかった。

この長谷の山荘は、山上に「上御茶屋」、「中御茶屋」、「下御茶屋」が離れ離れに配され、ここで休み、茶を飲み、広々とした風景の展望を楽しむという体験は、長年の隠居所仙洞御所での閉ざされた生活や、その人工を尽した庭園に飽き足りない後水尾には、強く印象づけられ、のちに修学院離宮へと応用されることになる。

また、翌一六四八年二月には、もっと大がかりな規模で、東福門院と後水尾の娘・顕子内親王、その他の女中衆の御乗物三十台という行列を連ねて、顕子内親王の山荘である岩倉御所を訪れている。この山荘も、長谷の別荘と同じように、上、下茶屋の構成となっていた。岩倉につくと、後水尾院と女院たちは、険しい山路を登って山上の御茶屋から、はるか比叡山を望み見ている。京都金閣寺の住職鳳林承章は、日記『隔蓂記』に岩倉御殿について、

山上の御茶屋、種々の御飾道具、目を驚かすものなり

と記し、また後水尾院についても、

方々処々の風景、山々谷々を御散策なり（原文漢文）

とも記しており、この土地に後水尾院は強く興味を示しているのがわかる。さらに、同一六四八年四月にも後水尾院と女院たちは、再び長谷の山荘に行幸され、田植を見物した。この体験もまた、修学院離宮の田園風景に生かされているのだろう。

翌年の一六四九年九月には、今度は後水尾院、東福門院、顕子内親王の他に、後水尾院を継いで天皇となったこともある後水尾院と東福門院の実娘明正上皇を加えて、再び岩倉と長谷を訪れている。長谷や岩倉を再度訪れているのは、新しく造る山荘の場所を、これらの地に決定するかどうか迷っていたからに違いない。

またその御幸途中、後水尾院の別荘の一つ幡枝御殿にも御幸し、そこで相当大がかりな観月の宴を開いた。ここでも後水尾院は山に登り、比叡山を望み見て思案している。この幡枝御殿の上御茶屋こそが、現在の円通寺庭園なのである。幡枝御殿も、前述の長谷、岩倉の山荘と同じく上・下二段構成をもっていたのである。こうした上下二段構成、そして比叡山の借景といったコンセプトが、後に修学院離宮として開花することになるのである。

いいかえれば、円通寺庭園は、修学院離宮のプロトタイプの一つということができよう。

## 円通寺

***data***

**成り立ち**

比叡山を借景にした見事な枯山水の庭園(名勝)が有名。後水尾上皇の幡枝御殿が1678(延宝6)年に寺に改められたもので、修学院離宮の前身。本堂と庭はかつての「下御茶屋」に当たる。

**見　所**

苔が敷き詰められた庭には四十数個の石が巧みに配置され、生け垣の向こうに霊峰比叡山を望み、見事な借景式庭園となっている。

**アクセス**

京都バス「円通寺道」下車、徒歩約10分
市バス「深泥ヶ池」下車、徒歩約15分
地下鉄烏丸線「北山」駅、または「国際会館」駅下車、タクシーで約5分

**拝　観**

10:00〜16:30(12月〜3月は〜16:00)

**拝観料**

一般500円
小・中学生300円

**駐車場**

あり (普通車15台、
料金/無料)

**所　在**

京都市左京区岩倉幡枝町389

## 3　詩仙堂

### 石川丈山隠棲の地

比叡山の山麓、修学院離宮にほど近い一乗寺の地に、石川丈山が隠棲《いんせい》した詩仙堂がある。丈山は一六四一年、五十九歳の時に自らこの庭園を作庭、九十歳で亡くなるまで清貧の隠遁《いんとん》生活を送った。

表門を潜り、ゆるやかな石段を昇りつつうっそうとしげるモミと竹の木もれ日の中をすすんでいくと、完全に俗界から仙界へ入ったような印象を受ける。また、建物内部に中国の三十六人の詩人の詩と絵師狩野探幽に描かせた画像を掲げたため、「詩仙堂」と名付けられたという。

詩仙堂入口。石川丈山にはスパイとしての伝説が。

庭園は傾斜地に上下二段に造られており、谷川の流水が各階の庭園を一つの空間にまとめ上げている。また流水を利用して鹿《しし》おどしが設けられ、サツキの大刈込みや紅葉、

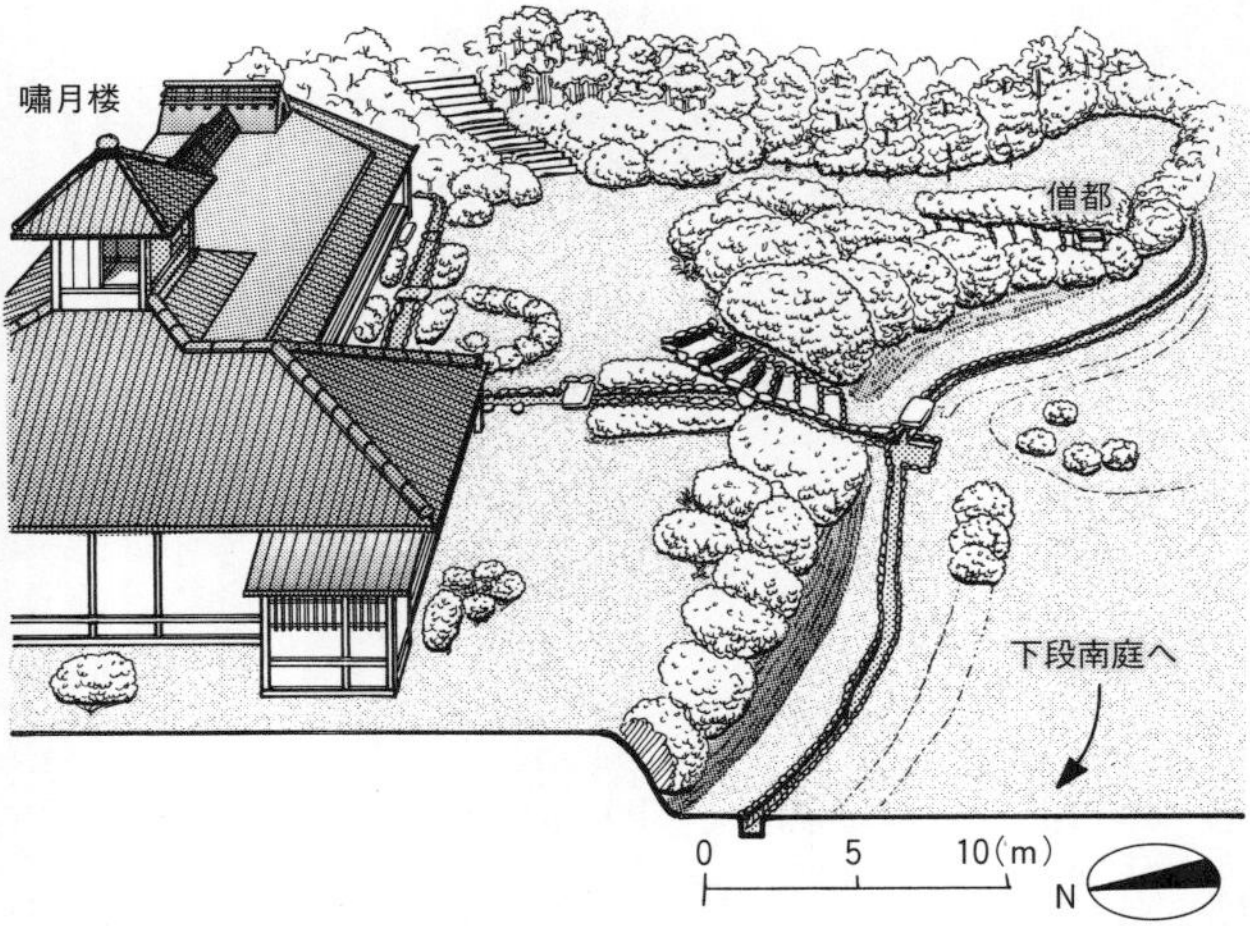


詩仙堂庭園。「嘯月楼」からは京都の街を一望できる。

山茶花《さざんか》の植栽と呼応するすがすがしい庭園の音の要素となっている。詩仙堂の建物「蜂要《ほうよう》」には「嘯月楼」と呼ばれる望楼が設けられており、庭園の全体像はもとより、比叡山や京の街を一望することができる。

## 天皇を監視するスパイ説

石川丈山は本名嘉右衛門重之《かえもんしげゆき》といい、れっきとした徳川家譜代の武士であった。徳川家発祥の地、三河国碧海《へきかい》郡の出身であり、また松平正綱《まつだいらまさつな》や本多忠勝《ほんだただかつ》といった徳川の重臣とも親戚関係にあり、幕府の信頼厚い人物であったことは明らかだ。

ところが、伝説では三十三歳の時、大坂夏の陣に参加した際、さきがけの功を焦って軍規にふれ、徳川家を離れて隠居したものという。これは余りにも唐突な身のふり方といってよい。しかも隠居後、離れたはずの徳川家の御用学者林《はやし》羅山《らざん》と深い親交があったといい、矛盾が多いのも確かである。また、その三十一年に及ぶ隠棲の生活費や、詩仙堂の造営費がいったいどこから出たのか、未だに不明である。

そこで、すでに江戸時代の頃から丈山は徳川家のスパイとして、後水尾院や公家の動きを監視していたという説が数多くささやかれた。例えば詩仙堂を修学院離宮の近くに造ったのも、後水尾院監視のためといい、また嘯月楼という望楼も、修学院離宮や都の監視のためだというのである。現に、蜂要という中心施設には、一階の上と二階に南向きの窓があり、また他の二方も開け放つことができるようになっており、南、西、北を一望することができる。さらにこうした楼閣建築としては他に例がない忍び返しが取りつけられているのも、忍者屋敷を彷彿とさせるものである。丈山は嘯月楼から烽火《のろし》をあげて、鷹峰の野間三竹《のまさんちく》という儒者とたえず合図しあって、無事を知らせたという説まであるほどである。

確かに『槐記』によれば、後水尾院が修学院離宮を造営する際、院の外出を幕府が許さないので、後水尾院自身が女中の恰好にふんし、輿に乗って現場に通って指図しているというスパイの報告があったという。驚いた京都所司代板倉重宗が、院に問いただし否定されたという。どこかで修学院離宮の動きを監視する者がなければ、このような嫌疑をかけられることはなかったはずである。

実は、後水尾院自身が、御所へ丈山を招こうとしたこともある。しかし、次の歌をもって丈山はお断りしたという。

渡らじな蝉の小川は浅くとも
　老いの波たつ影もはずかし

つまり、賀茂川（蝉の小川）を渡って洛中に一度も足を踏み入れたことはない。いいかえれば禁裏に近づくことができない徳川方の監視役であることを告白しているともとれるのだが確証はない。

どちらにしろ、詩仙堂の庭園は石川丈山という謎の人物と重なり合って足繁くかよっても興味のつきない庭である。

## 詩仙堂

*data*

**成り立ち**

大坂夏の陣で抜け駆けをして軍律違反の罪に問われ文人の世界に入った、徳川家康の家臣であった石川丈山が1641（寛永18）年に造営し、31年間隠棲した庵。小楼・嘯月楼を見上げながら建物の中に入ると、堂の名前の由来となった詩仙の間がある。

**見　所**

入口に立つ小有洞の門、参道に立つ老梅関の門、建物の中に入り猟芸巣、躍淵軒の各部屋、仏間の上には嘯月楼と呼ばれる望楼、前面には、石砂にツツジと山茶花の古木を配した庭園などがあり、時折響く、添水(鹿おどし)の音が丈山の風雅を今に響かせる。サツキ、アジサイ、紅葉と四季折々に美しい。

**アクセス**

叡山線「一乗寺」駅下車、徒歩10分
市バス「一乗寺下り松町」下車、徒歩10分

**拝　観**

9:00〜17:00（入場は〜16:45）

**拝観料**

500円

**駐車場**

なし

**問い合わせ**

☎ 075-781-2954

**所　在**

京都市左京区一乗寺門口町27

# エピローグ

## 1　京都の鬼門軸

### 東北、西南は不吉な方位

京都では古来、東北の方位を「鬼門」と呼んで鬼が出入りする不吉な方向であると忌み嫌われてきた。また、その反対の西南の方位を「裏鬼門」と呼び、鬼門に次いで避けるべき方向であると考えられてきた。

鬼門の初見は、中国の地理書『山海経《せんがいきょう》』であるといい、中国東方数百里の海上に「度朔《どさく》山《さん》」と呼ばれる山があって、山上の桃の木から東北に伸びる枝の先に死者の出入りする門、すなわち鬼門があったとされる。

『易経《えききょう》』によれば、東と南の方位を「陽」、西と北を「陰」としており、実際には東北、西南がちょうど陰陽の転換する不安定な方位として避けられたものとみられる。

現在の京都のルーツである平安京は、七九四年桓武天皇によって造られたことはいうまでもない。『叡岳要記《えいがくようき》』によれば、桓武天皇は平安京の鬼門に位置する比叡山に、唐から帰国した留学僧・最澄を送り、一乗止観院、のちの延暦寺を建立したという。そして都で災事が

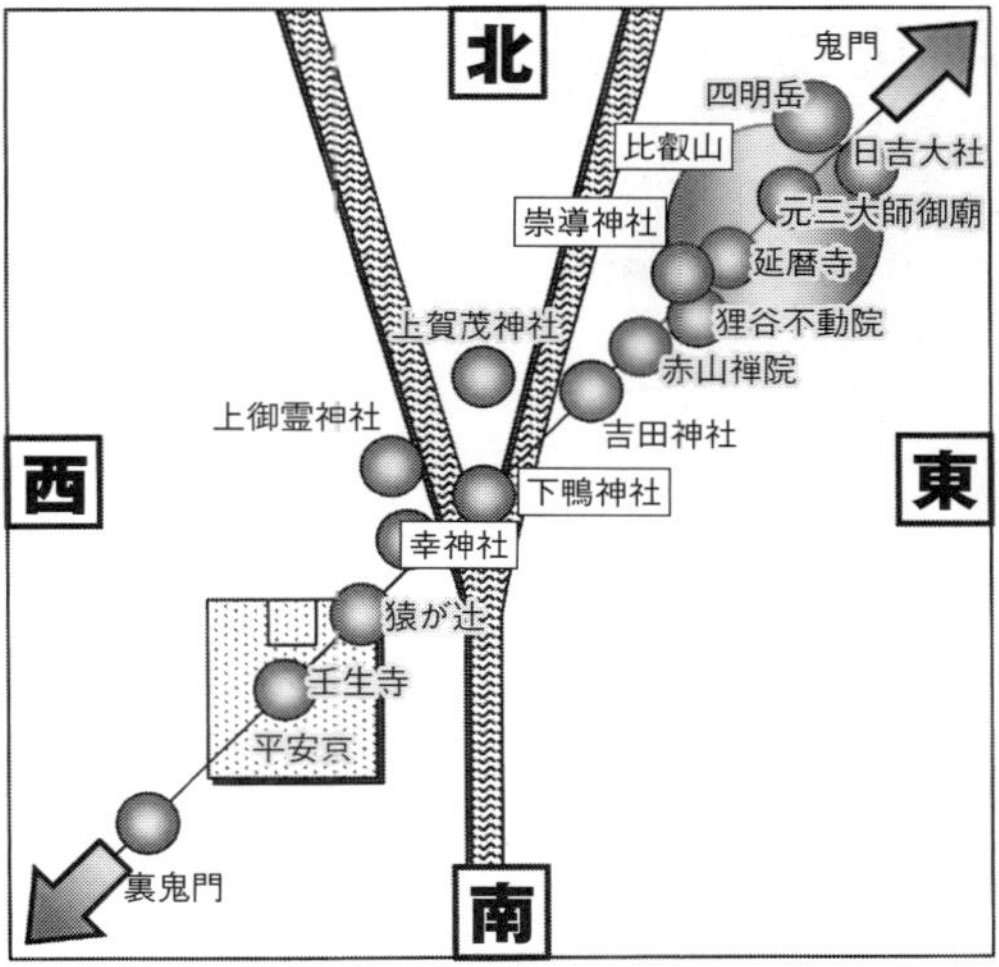

平安京の鬼門裏鬼門封じ概念図

起きるたびに、この比叡山で悪鬼調伏の祈祷が行なわれた。また比叡山には守護神・日吉大社が建てられた。さらに平安京と比叡山の鬼門軸線上には、四明岳があるが、「四明」とは道教の悪鬼封じの神であり、仏教、神道、道教の三教を駆使して平安京の鬼門を守り固めたことがわかる。

一方、天皇の住居・京都御所の鬼門の隅は内側にえぐられ「角欠け」となっており、日吉大社の守護神である猿の彫刻が置かれている。また京都御所と比叡山の鬼門軸上には幸神社と赤山禅院があるが、どちらに

内側にえぐられた京都御所の鬼門の隅。

も猿の置物が鬼門封じのために配されている。

この他、京都の鬼門軸上には数多くの社寺が集中している。桓武天皇が平安京を造る際に祀った狸谷不動院《たぬきだにふどういん》、鬼門方向から流れる鴨川を通じて侵入する悪鬼封じのために造り直された上賀茂、下鴨神社、吉田神社や祟導神社、上御霊神社など枚挙に暇がない。

裏鬼門についても桓武天皇の皇居乙牟漏《おむろ》の発願による大原野神社や壬生寺《みぶでら》があり、鬼門の吉田神社と裏鬼門の壬生寺では、毎年節分に「鬼は外、福は内」という掛け声で豆がまかれる。

## 庭園と鬼門軸の謎

京都の中心・京都御所の鬼門と裏鬼門を結ぶ鬼門軸を地図上に正確に引いてみると、面白いことに鬼門側に修学院離宮、裏鬼門に桂離宮がぴったり重なる。いうまでもなく、桂離宮と修学院離宮は、日本の庭園建築の双璧といわれる存在である。また、この鬼門軸線上には徳川幕府の京都における居城である二条城までが位置しているのだ。

すなわち、京都の鬼門軸上に、修学院離宮、京都御所の中枢・仙洞御所、二条城二の丸、桂離宮といった傑作庭園が一直線に並んでいることになる。修学院離宮の造営は一六五五～一六六一年、仙洞御所は一六二七年頃、さらに桂離宮は一六一五～一六六二年の造営であり、ほぼ同時期に重なるようにして造られたことがわかる。果してこれらは単なる偶然の一致なのだろうか。

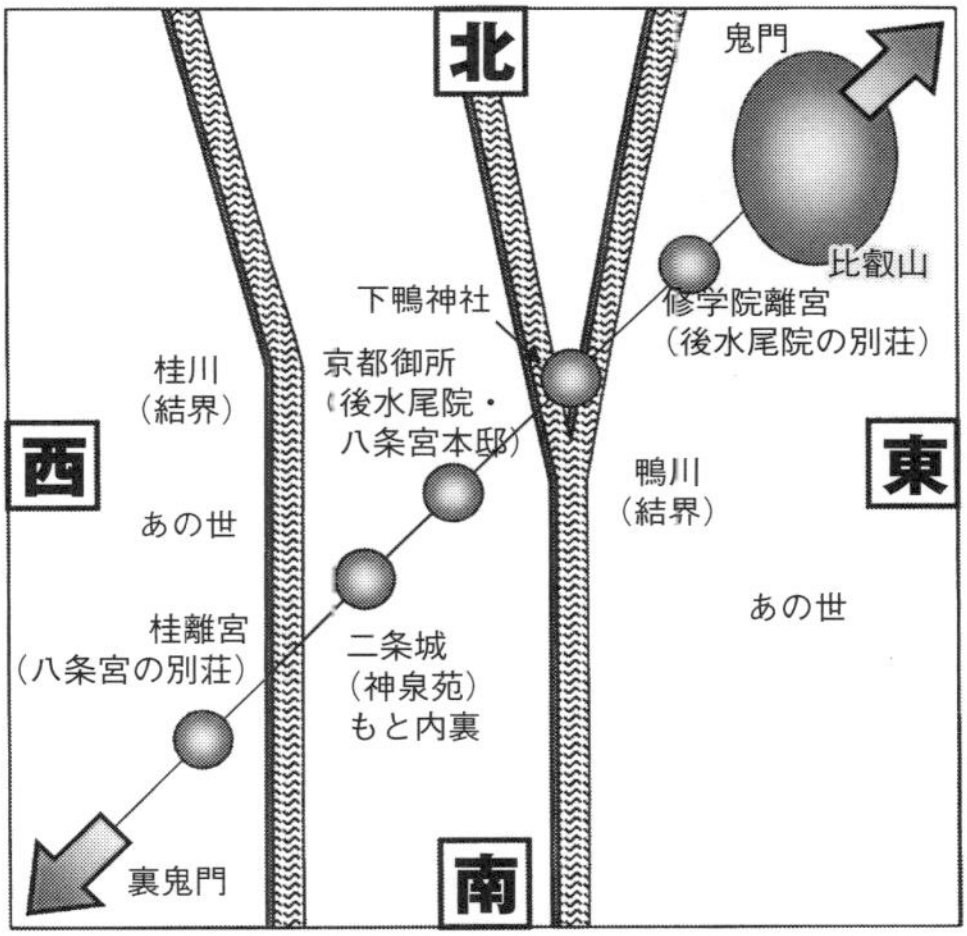

桂離宮、修学院離宮、京都御所の配置図

　修学院離宮を自ら造った後水尾院は、桂離宮を同じく自ら創建した八条宮智仁親王の甥にあたる。後水尾院は、智仁親王を文学の師とし、「古今伝授《こきんでんじゅ》」と呼ばれる文学の秘伝を智仁から伝えられる程の師弟関係であった。また庭造りにおいても智仁親王を師としていたようで、修学院離宮の造営に際して、智仁親王が造った桂離宮を三回も訪れており、設計の参考にしたことは明らかである。なお、智仁の跡を継いで桂離宮を現在の姿に完成させた八条宮二代智忠親王は、幼少の折に後水尾院の養子になったこともあり、またその縁から後水尾院の実子を跡継ぎとして養子にした。桂離宮は一六一五年の創建後、一六四二年、一六六二年の二度増築を繰返しているのだが、実際、一六六二年の桂離宮の増築は、後水尾院の御幸のために施されたものである。

そして、この後水尾院が、徳川幕府が開かれた後の最初の天皇として、幕府から最も厳しく虐げられたことは、すでに第十二章で詳しく触れた通りである。

それでは、桂離宮を造営した八条宮智仁親王と徳川幕府の関係はどうであっただろうか。一五八八年、智仁親王は跡継ぎのいない関白・豊臣秀吉の養子となっている。しかしその翌年、秀吉の実子・鶴松《つるまつ》が誕生したために離縁となり、そのかわり八条宮家を新たに設けて三千石を与えられたのである。もっとも、離縁後も両者の関係は大変良好であったとみられ、秀吉は朝鮮出兵後の新しい国の天皇に智仁を予定していたし、また秀吉の死後、智仁は皇族としては最も多く霊廟に参拝しているほどである。つまり、智仁親王は当時最も豊臣家に近い位置にある皇族であったといってよい。

また、秀吉が一時養子として関白を継がせようとしたことからもわかる通り、政治的腕力において最も傑出した皇族であったといわれる。現に当時最も困難を極めた政治事件である和子入内の朝廷側の調停役として活躍し、その実力は朝廷だけではなく幕府からも一目置かれる存在であったという。桂離宮の造営費に関しても後述する通り、そのほとんどを幕府が援助したものであるが、これすらも政治的実力派・智仁親王の目を政治から庭造りにそらす狙いがあったともいわれる。

これほどの逸材であるだけに、智仁親王の兄にあたる後陽成《ごようぜい》天皇は、一五九八年智仁に天皇の地位を譲ろうとしている。後陽成天皇には三人の息子と五人の弟があったにもかかわらず、五番目の最も年下の弟である智仁親王を特に指名したのは、やはりその才能によるものであろう。

しかし、秀吉亡き後、政治の実権を握っていた徳川家康がこれを許すはずはない。すなわち秀吉のもと養子であり、最も親豊臣派で、かつ実力派の智仁を皇位へ就けることに幕府は猛反発を示したのである。その結果、智仁の即位は取り消され、かわりに後水尾院が天皇にたてられた。このように見てくると、智仁親王も、当時の皇族の中において最も幕府に虐げられた数奇な運命の親王であったといってよいだろう。

以上をまとめれば、後水尾院と智仁親王は、当時幕府が最も圧迫した悲劇の二大皇族といえるのではないだろうか。

## 2　幕府が与えた不浄の地

### 江戸の鬼門、裏鬼門を守護した人物

ここまでをまとめれば、京都の鬼門と裏鬼門の地に、当時幕府が最も嫌った二大皇族の離宮が偶然にも存在していることになる。これを偶然として片づけてしまうのは容易だが、両離宮の創建状況を観察してみると、とても偶然の一言で片づけられない数多くの奇妙な符合が見出せるのである。そこで以下、この問題をもう少し掘り下げてみることにしよう。

まず敷地の入手状況について観察してみると、修学院離宮は一六四七年から一六五五年頃、後水尾院自ら京都の好みの土地を探し歩いた結果、現在の地に決定されたことに一応はなっている。

しかし、ここで注目したいのは、最終的に決定された修学院離宮の土地が、その直前まで円照寺の敷地であった点にある。円照寺とは、かつて後水尾天皇とお世津の間にできた数奇

な皇女、すなわち和子入内にあたって邪魔者扱いにされたあの梅宮が出家させられ、幕府から寺域を与えられて建てた寺に他ならない。

それでは、京都のちょうど鬼門に位置するこの地を梅宮に与えたのは誰か。何を隠そう家康、秀忠、家光の三代将軍につかえた幕府の宗教ブレーン・南光坊天海なのである。修学院離宮という土地の名は、平安時代に天台宗の僧・勝算がこの地に同名の寺院を造ったことに始まる。すなわち天台座主も務めた天海によって、都で最も恐れられた鬼門に位置する、天台宗の不浄の寺域が梅宮のために選ばれたのである。

後水尾院が幕府に別荘を要求した「覚書き」という脅迫状にも近い調子の老中・酒井忠勝宛の手紙は有名であるが、それに答えるかたちで後水尾院に与えられた土地は、残酷にも不遇な皇女、ほかならぬ後水尾院の娘・梅宮を立ち退かせて用意したものだったのである。なんとむごい仕打ちだろうか。

この鬼門に位置する不浄の土地をはじめ、梅宮に与えたのは天海であった。それではさらにその地を残酷にも父・後水尾院に押しつけた人物はいったい誰であったのだろうか。その人物こそが金地院崇伝であったのである。

崇伝は、天海とともに徳川家康の宗教担当の側近であり、黒衣の宰相と呼ばれた南禅寺金地院の僧侶である。一五六九年、足利義輝の家臣・一色秀勝の次男として生まれ、一六〇五年、南禅寺の住職となる。一六〇八年に家康の側近に登用されて、一六三三年に没している。

天海の寛永寺が江戸の鬼門に建立されたのに対し、江戸の裏鬼門に建てられたのが増上寺で、その中に金地院別院を建てたのが崇伝である。すなわち江戸の鬼門を天海が守り、裏鬼門を崇伝が守護していたことになる。

後水尾院を圧迫した公家諸法度や禁中並公家諸法度、紫衣事件などもすべてこの崇伝の手になるものであり、いいかえれば後水尾院バッシング担当が崇伝であったといってよいだろう。そしてその一環として、梅宮を立ち退かせて後水尾院に土地を用意するといった工作を行なったものと考えられよう。

ちなみに、家康の豊臣征討の発端となった一六一四年の鐘銘《どうめい》事件においても崇伝が裏工作を行なっている。つまり秀頼が方広《ほうこう》寺に新しく鋳造させた大鐘の銘文「国家安康《こっかあんこう》」が「家康」という名を両断し、徳川を呪詛する不吉な文字であるといいがかりをつけている。その後、大坂冬の陣、夏の陣が起こり、豊臣家を滅ぼす理由づけとなったことは有名である。

あまりに、このような裏工作ばかりを行なうものだから、当時の人々は崇伝のことを正式に称する者はなく、「大慾山気根院僭上寺悪国師《だいよくさんきこんいんせんじょうじあくこくし》」と呼んだといわれる。このような裏工作の他にも『本光国師日記』をみると、将軍、大名などの呪術的な占いを崇伝が行なった記事が随所にみられ、陰陽師としての側面ももっていたことがわかる。江戸城の鬼門に天海を住職とする寛永寺、裏鬼門に崇伝の増上寺を配するなど、天海と共に鬼門、裏鬼門封じといった江戸の風水デザインにも深く関与していたものとみられる。

一方、天海が梅宮に与えた都の鬼門の不浄の土地を、梅宮を立ち退かせて父・後水尾院に与えるという工作には、崇伝だけではなく、天海自身もかかわっていたかもしれない。というのも、前に少し触れた通り、天海は後水尾院と不和であったからである。すなわち、天海の住する寛永寺に後水尾院の実子を宮門跡として迎えようとしたところ、後水尾院が天海を田舎坊主よばわりをして猛反対し、天海存命中には実現しなかったという経緯がある。このような状況下で、天海が後水尾院に果して報復しようとは思わなかっただろうか。修学院離宮の土地入手状況についての推論は

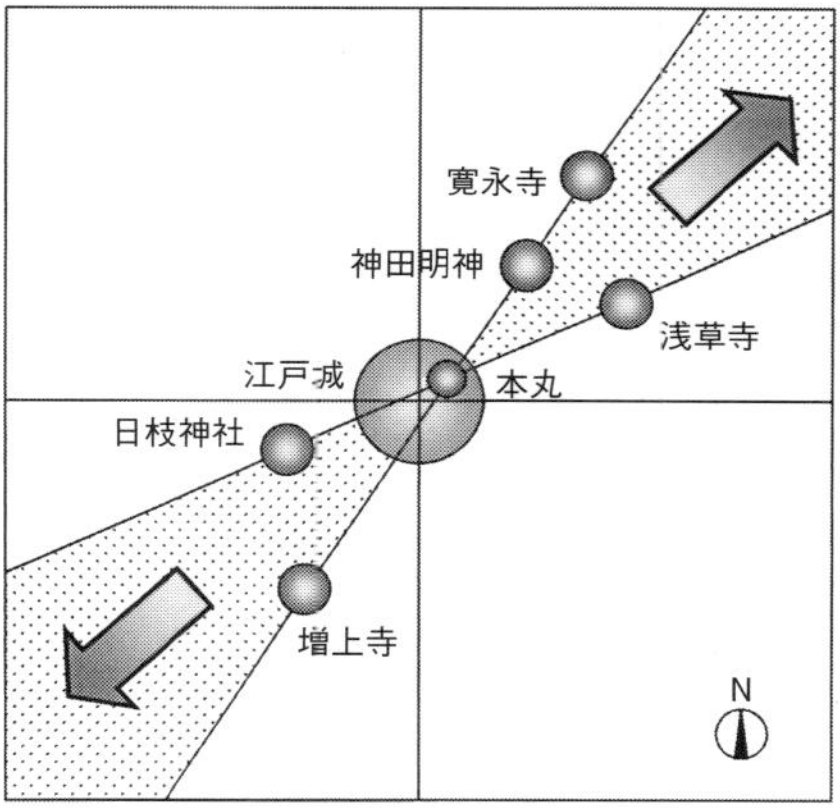

江戸の鬼門、鬼門封じ

一応ここで切り上げ、次に桂離宮についても考えてみよう。

## 二大皇族の別荘が計画的に造営された可能性

桂離宮の土地は一六一五年、突然八条宮家に幕府が与えたものである。興味深いのは、桂離宮創建の翌年にあたる一六一六年、崇伝は智仁と全く面識がないにもかかわらず、突如桂離宮を訪れていることであろう。

崇伝はこの時桂離宮を絶讃し、のちに『桂亭記』を書いて、その様相を「八雲立つ」と賛美しているのだ。ちなみに『桂亭記』は現在も桂離宮の中心御殿・古書院に掲げられている。しかも、崇伝はまるで桂離宮の造営を監視するかのように、その後何度も桂を訪れ、『桂別《かつらべつ》業八景《ごうはっけい》』を選んで漢詩を捧げたりもしている。まるで「誉め殺し」とでもいうべき執拗さであり、ここに崇伝一流の裏工作を疑うのは筆者だけであろうか。

一方、桂離宮は幕府作事奉行・小堀遠州が関与して造営されたものといわれるが、この遠州は崇伝をパトロンとしていた。崇伝の住する南禅寺の方丈前庭や金地院前庭、南禅寺内の東照宮など、すべて遠州が設計したものである。

以上、修学院離宮と桂離宮の土地入手状況をみてきたが、修学院離宮についても桂についても、敷地は幕府が与えたものであることは明らかであろう。また、両者ともにその後の造営は幕府の直轄工事として行なわれたものである。

このように観察してくると、京都で古来最も忌み嫌われてきた鬼が出入りするという鬼門と裏鬼門の不浄の地に、偶然二離宮が造られたというよりも、なにかもっと異なった事情が隠されているのではないかと疑いたくなる。すなわち、天海や崇伝を中心とした江戸の風水デザインの応用として、当時最も幕府に虐げられた二大皇族の別荘が、計画的にそれらの位置に造営された可能性を示唆しているようにも思われるのである。

## 3　小堀遠州と鬼門軸

### 「聖なる鬼門軸」の重視

二条城は、第七章で述べた通り、徳川の居城として造られたもので、当然、桂離宮、修学院離宮と同様、幕府の直轄工事によって造られたことはいうまでもない。特に二の丸は一六二六年の後水尾院行幸のために増築されたものである。前述の通り、修学院離宮は後水尾院自身の別荘、そして桂離宮の一六六二年の増築も後水尾院行幸のためのものであり、さらには仙洞御所は後水尾院の邸宅であり、鬼門軸上に並ぶ四つの庭園建築がそろいもそろって後水尾院ゆかりの造営になるのは、果して偶然の符合であろうか。

しかも、二の丸は、あの桂離宮の造営にも関与したといわれる小堀遠州の手によるものであり、二の丸御殿は桂離宮の書院群と酷似した雁行配置をもつ。仙洞御所も二条城二の丸の造営の翌年の一六二七年に遠州が設計したものであり、鬼門軸上に並ぶ四つの庭園建築中、三つに遠州が関与している点にも留意したい。

第七章で触れた通り、裏鬼門の神泉苑を儀式の場とし、桓武天皇が平安京を造った当初よりその鬼門の比叡山を国家鎮護の霊場としたことから、鬼門と裏鬼門を結ぶ鬼門軸上を重視していたことは明らかである。現在の京都御所の鬼門に「角欠け」と呼ばれる鬼門封じが施されていることについても既に触れた通りである。

また、この鬼門軸上には比叡山の守護神・猿による鬼門封じが実に四箇所も施されていること、さらにちょうど鬼門軸上に鴨川と高野川の合流点があり、川をつたって邪気が都に侵入するのを食い止めるために、上賀茂神社と下鴨神社を造り直しているのも、桓武天皇による鬼門軸の強化に他ならない。つまり、京都のルーツ・平安京遷都の頃から、鬼門と裏鬼門を結ぶ線を聖なる鬼門軸として強く意識していたことがわかる。それでは、江戸時代にはこの鬼門はいったいどのように意識されていたのだろうか。

一六二七年に、後水尾院の隠居所・仙洞御所が京都御所の一角に造営されたことはすでに述べた。これは、一六二六年に同じ鬼門軸上に造られた二条城二の丸と同様、小堀遠州の設計になり、幕府直轄工事によってその翌年に相次いで造営されたものである。よってこれら二つの庭園建築は、年代、設計者、造営母体、鬼門軸上の配置からみて「一対」であるといってよいだろう。

つまり、江戸時代の都における造営においても、当時最も重要な皇居と幕府の居城を鬼門軸上に一対で配していることから、桓武天皇以来の聖なる鬼門軸を重視していることが見てとれるのである。仙洞御所全体の鬼門の隅と同様、「角欠け」による鬼門封じが施されていることから、設計者・小堀遠州も十分に鬼門軸を意識したことが明らかとなる。

## 4　二大皇族の流刑

### 離宮行幸と鬼門軸

後水尾院にとって、この仙洞御所が本邸であり、その鬼門に位置する修学院離宮が別荘で

桂宮邸跡

あったわけで、七十数回にも及んだという後水尾院の修学院離宮行幸の際は、鬼門の方角に行ったり来たりしたことになる。それでは桂離宮を造営した智仁親王の本邸はどこにあったのかといえば、やはり京都御所の一角、現在桂宮《かつらのみや》（八条宮家が後に名を改めたもの）邸跡となっている場所であった。すなわち、その裏鬼門に位置する桂離宮が別荘であったわけで、智仁親王の桂行の際は、裏鬼門の方角に行ったり来たりしたことになる。

一見、何のへんてつもない離宮行の行為と思われるかもしれないが、これは平安時代以降の宮廷貴族にとっては、極めて不自然この上ない行為なのである。すなわち、平安以降の貴族の慣習として、外出時には必ず陰陽師に日時、方位を占わせて「物忌《ものい》み」あるいは「方違《かたたが》え」といった方法をとったからである。中世以降の貴族の日記、あるいは宮廷文学の中には、これらの行為が必ずといってよいほど記述されているのだ。方違えとは目的地の方位にさわりがあれば、方角のよい方に一泊して目的地へ向かうといった慣習である。

前に金地院崇伝が、「呪術的な占い」を行なったことに触れたが、こういった慣習は、江戸時代の公家の史料にも数限りなく記録されており、確実に受け継がれている。鬼門という方位が、古来よりいかに忌み嫌われてきたかについてはいうまでもないことで、鬼門、あるいは裏鬼門に別荘を設けてしばしば訪問するということは、当時最も不吉なこととして避けるべき行為であったはずなのである。

にもかかわらず、後水尾院と智仁親王は、幕府からそれぞれ鬼門と裏鬼門に土地を与えられ、幕府直轄で別荘を造られていることになる。二人の皇族は、当時の貴族の習慣として、最も「不吉」な行為を別荘への訪問として行なわなければならなかったのである。

桂離宮は、桂川のほとりにある。つまり京都の洛中から桂大橋を渡った向こう側に位置していることになる。この場所は、京の七口の一つ・丹波口にあたり、京都の洛中と洛外のいわば結界である。

それでは、修学院離宮はどうか。洛中から高野川（鴨川）を松が崎橋から渡った向こう側に位置していることがわかる。

前述の通り、あの世＝浄土を再現したといわれる平等院においても、洛中から宇治川の向こう側に宇治橋を渡るしくみになっていたことをここで思い出していただきたい。この行為はあの世へ行くための三途の川を渡ることに等しいのである。

すなわち、桂離宮についても修学院離宮についても、洛中の京都御所の中の八条宮本邸あるいは仙洞御所から訪問するためには、必ず川を渡らなければならない。そしてこの行為は、他界することに等しいのである。しかも、京都の鬼門と裏鬼門という最も忌み嫌われる方位へ向かって他界することに他ならない。ここでにわかに想起されるのが、二大流刑地である。日本において古代より、佐渡と土佐が最も有名な流刑地であった。この二箇所がなぜ選ばれたのかといえば、京都から見て佐渡が鬼門、土佐が裏鬼門にぴったり位置し、かつそれぞれ海を渡った向こう側にあったからに他ならない。

古来、皇族が島流しにされるときは、必ず佐渡か土佐に配流された。

すなわち、江戸幕府が最も圧迫した大皇族の別荘を鬼門と裏鬼門の三途の川の向こう側に与えることは、島流しにすることと同様の意味をもっているといってよいだろう。多少飛躍が過ぎる推論かもしれないが、一可能性として興味深い問題であると思う。

# おわりに

庭園研究をはじめて二十五年になる。京都の大学での講義や庭園設計の実務はもとより、最近では社会人講座で、一般の人々と庭を巡ることも多くなった。

花香る春や紅葉のいろづく秋になると、書店には庭園のガイドブックが山積みにされる。お叱りを覚悟の上で申し上げると、それらのほとんどは、単に写真と庭のいわれ、特徴を書き並べただけのものが多く、そうした本を手にして庭園を巡ってみても、まるで「馬の上から花を見る」ようで、なかなか感動を得るには至らないのではないだろうか。

庭は奥が深い。小さなガイドブックにその魅力をすべて込めるのは不可能である。そこで本書では、庭の本質ともいうべき「あの世・滅び」といった側面に力点を置いて、京都を代表する庭園に秘められたエピソードをまとめることにした。また二十一世紀になった現在、日本庭園研究の基礎を築いた重森三玲、重森完途や森蘊の焼き直しのような庭園観が未だ数多いのが現況である。

最新の研究成果である江戸時代におけるヨーロッパ庭園の影響や鬼門軸や東西線、いわゆるレイラインとの関係、最新の仮説等についても多数盛り込んでみた。それによって、長い間膠着状態にあった庭園観に、ささやかながら風穴をあけることができたのではないかと思っている。

本書の編集にあたっては、前作『月と日本建築――桂離宮から月を観る』からおつきあいさせていただいている光文社新書編集部・小松現氏のお手を煩わせた。最後になったが謝辞を申し上げたい。

二〇〇四年九月

宮元健次

## 【参考文献】

森蘊『小堀遠州の作事』、奈良国立文化財研究所学報第十八冊、一九六六年／重森三玲、重森完途『日本庭園史体系』全三十五巻、社会思想社、一九七一〜七六年／宮元健次『月と日本建築――桂離宮から月を観る』、光文社新書、二〇〇三年／朝日新聞社編「仏教を歩く」NO・15『夢窓疎石と「五山文化」』、二〇〇四年／『和楽』「美が宿る庭」特集、二〇〇四年五月号／宮元健次『図説日本庭園のみかた』、学芸出版社、一九九八年／宮元健次『図説日本建築のみかた』、学芸出版社、二〇〇一年／宮元健次『龍安寺石庭を推理する』、集英社新書、二〇〇一年／宮元健次『日本の伝統美とヨーロッパ――南蛮美術の謎を解く』、世界思想社、二〇〇一年／宮元健次『近世日本建築にひそむ西欧手法の謎――「キリシタン建築」論序説』、彰国社、一九九六年／宮元健次『桂離宮隠された三つの謎』、彰国社、一九九二年／宮元健次『桂離宮と日光東照宮――同根の異空間』、学芸出版社、一九九七年／宮元健次『修学院離宮物語』、彰国社、一九九四年／宮元健次『江戸の陰陽師――天海のランドスケープデザイン』、人文書院、二〇〇一年／宮元健次『建築家秀吉――遺構から推理する戦術と建築・都市プラン』、人文書院、二〇〇〇年／宮元健次『建築の配置計画――環境へのレスポンス』、学芸出版社、二〇〇二年／小和田哲男『豊臣秀吉』、中央公論社、一九八五年／フロイス『日本史1』、中央公論社、一九七七年／桜井敏雄『浄土真宗寺院本堂の成立過程　上・下』「仏教美術」一〇二、一〇五、一九七五年／日本建築学会編『日本建築史基礎資料集成17』、中央公論美術出版、一九七二年／京都府教育庁文化財保護課『国宝本願寺書院（対面所及び白書院）修理工事報告書』、一九五九年／ブルーノ・タウト、篠田英雄訳『日本、タウトの日記』岩波書店、一九七五年／レオン・パジェス著、吉田小五郎訳『日本切支丹宗門史』全三巻、岩波書店、一九三八〜一九四〇年／ロドリゲス・ジラン『長崎日本年報記』一六〇六年三月十日の条。海老沢有道『南蛮学統の研究――近代日本文化の系譜』所収／『特別史跡　安土城発掘の成果』、安土城郭調査研究所、一九九五年／朝尾直弘『大系日本の歴史』第八巻「天下一統」、小学館、一九八八年／宮本雅明『近世初期城下町のヴィスタに基づく都市計画――その実態と意味――』「建築史研究」、建築史学会／柳亮『黄金分割――続日本の比例――法隆寺から浮世絵まで』、美術出版社、一九七七年／『作庭記』「日本思想大系23」、岩波書店、一九七三年／『碧山日録』「続史料大成20・増補」、臨川書店、一九八二年／『蔭涼軒日録』「続史料大成21〜25増補」、臨川書店、一九七八年／『塊記』宮内庁書陵部／『都林泉名勝図会上下』、講談社、一九九九年／『義演准后日記』続群書類従完成会、一九七六年／『歴史群像　豊臣秀吉』、小学館、二〇〇二年

[書式見本]

返信(おもて)

郵便往復はがき

□□□-□□□□

返信

代表者の郵便番号、住所及び

氏名をお書きください

往信(うら)

参観申込書

申込　年　月　日

宮内庁京都事務所長　殿

代表者氏名（ふりがな）

電話番号

参観場所

参観希望日（第3希望までお書きください）

住所　氏名　年齢　性別

1.

2.

3.

4.

（参観者全員分をお書きください）

男　名　女　名　計　名

往信(おもて)

郵便往復はがき

602-8611

往信

京都市上京区京都御苑三番

（住所は省略することができます）

宮内庁京都事務所

参観係　あて

返信(うら)

代表者の住所、氏名、年齢、性別を

ご記入ください

約3cm

余白にしてください

（当所にて許可内容を印刷します）

## 仙洞御所・桂離宮・修学院離宮 参観申込要領
（参観は無料です）


仙洞御所・桂離宮・修学院離宮の参観を希望される方は、次の要領でお申し込みください。京都御所の参観については、別途申込要領が定められています。

参観時間毎に係員が日本語でご案内します。

**1．参観できる方**
18歳以上の方。なお、申し込める人数は、4人までです。

**2．参観休止日**
（1）日曜日、土曜日、国民の祝日・休日
ただし、土曜日については、下記のとおり参観を実施します。
・4月、5月、10月、11月
毎土曜日（祝日・休日と重なった場合でも実施します）
・その他の月
第3土曜日のみ（同上）
（2）年末年始（12月28日〜翌年1月4日）
（3）行事等の実施のため支障のある日

**3．申込方法**
次のいずれかの方法でお申込みください。ただし、代理人による申込みはお受けできません。なお、受付日（郵送の場合は消印）順に処理し、定員になり次第締め切りとなります。同日付けの申込みが多数となった場合には抽選となります。

（1）郵送の場合（官製往復はがき使用）
参観希望場所毎に作成してください。はがきの書き方を参考に所要事項を記入の上、投函してください。参観希望日については、第1希望から第3希望まで記入できます。結果は、後日返信用はがきでお知らせします。

**【受付期間】**

参観希望日の3カ月前の月の1日の消印から希望日の1カ月前の日の消印のあるものまで（例）5月10日希望の場合…2月1日（消印）〜4月10日（消印）

（2）窓口の場合
身分を証明できるものを持参の上、宮内庁京都事務所参観係窓口にて備え付けの用紙に記入してお申込みください。なお、受付開始日当初は、その場で許可書の発行ができない場合がありますので、返信用の官製はがきを持参してください。

**【受付期間】**

参観希望日の3カ月前の月の1日から希望日の前日まで
**【受付時間】**

開庁日（土・日・祝日・休日及び年末年始を除く）の午前8時45分〜正午、午後1時〜午後4時

（3）インターネットにより手続を行う場合
アドレス　http://sankan.kunaicho.go.jp
上記のアドレスにアクセスして必要事項を入力してください。手続完了後、参観の許可を通知します。
**【受付期間】**
参観希望日の3カ月前の月の1日午前5時から希望日の4日前午後11時59分まで
（例）5月10日希望の場合…2月1日の午前5時〜5月6日の午後11時59分

※午前0時から午前5時までサーバーのメンテナンスのため、申込みはできません。
※同一の参観場所に対し、同一人あるいは同一グループによる複数のお申込みはお断りする場合があります。
※参観希望日は申込状況や行事等によりご希望に添えない場合があります。

〒602-8611
京都市上京区京都御苑3番（住所は省略できます）
宮内庁京都事務所参観係（電話番号075-211-1215）

---

**仙洞御所・桂離宮・修学院離宮**
**申込みの往復はがき記入方法**

---

コンピューター処理のため、うら面の記載は必ず横長横書きでお書きください。

（官製往復はがきを広げた状態を示しています）

※2カ所以上参観を希望する場合は、それぞれのお申込みが必要です。
※参観開始時間の希望を書かれてもご希望に添いかねますので、ご了承ください。

26
こくさいかいかん
はちまんまえ
ケーブル
やせゆうえん
やせ
ひえいざんぐち
みやけはちまん
比叡山
たからがいけ
25
24
きたやま
まつがさき
しゅうがくいん
叡山本線
いちじょうじ
27
きたおおじ
ちゃやま
くらまぐち
8
9
烏丸通
もとたなか
でまちやなぎ
いまでがわ
左京区
10
京阪鴨東線
6
鴨川
地下鉄烏丸線
17
大文字山
まるたまち
まるたまち
京都市役所
20
19
ひがしやま
からすま
おいけ
きょうと
しやくしょまえ
さんじょう
けあげ
湖西線
中京区
かわらまち
しじょう
しじょう
からすま
烏丸通
河原町通
22
東山区
地下鉄東西線
みささぎ
ごじょう
ごじょう
やましな
やましな
14
しちじょう
下京区
13
東海道本線
きょうと
とうふくじ
とうふくじ
ひがしの
とうじ
くじょう
東海道新幹線
山科区
じゅう
じょう
とば
かいどう
なぎつじ
ふしみ
いなり
いなり
伏見区
名神高速道路
かみ
とばぐち
ふかくさ
くいなばし
おの
奈良街道
近鉄京都線
ふじのもり
たけだ
京阪本線
奈良線
だいご
11
京阪宇治線
宇治川
うじ
3
4
関西本線
きづ
加茂町
奈良線
木津町
4
ならやま

京都広域図
北区
上京区
右京区
西京区
南区
向日市
嵐山
千本通
西大路通
山陰本線
京福電鉄嵐山線
阪急嵐山線
阪急京都線
京都線
東海道本線
東海道新幹線
桂川
天神川
さが あらしやま
あらしやま
うずまさ
かたびら のつじ
たかおくち
みょうしんじ
きたの はくばいちょう
はなぞの
えんまち
にじょう
さんじょうぐち
おおみや
しじょう おおみや
さいいん
たんばぐち
にしきょうごく
まつお
かみかつら
かつら
にしおおじ
らくさいぐち
ひがしむこう
むこう まち
やまざき
おお やまざき
❶ 西芳寺（苔寺）
❷ 天龍寺
❸ 平等院
❹ 浄瑠璃寺
❺ 鹿苑寺（金閣寺）
❻ 慈照寺（銀閣寺）
❼ 妙喜庵待庵
❽ 表千家不審菴
❾ 裏千家今日庵
❿ 武者小路千家官休庵
⓫ 醍醐寺三宝院
⓬ 西本願寺
⓭ 智積院
⓮ 渉成園（枳殻邸）
⓯ 神泉苑
⓰ 二条城
⓱ 仙洞御所
⓲ 大徳寺
⓳ 南禅寺本坊方丈
⓴ 金地院
㉑ 龍安寺
㉒ 高台寺
㉓ 桂離宮
㉔ 曼殊院
㉕ 修学院離宮
㉖ 円通寺
㉗ 詩仙堂

| No. | 庭園名 | 所在地・問い合わせ電話番号 | 公開時間 | 掲載頁 |
| --- | --- | --- | --- | --- |
| ⑯ | 二条城 | 京都市中京区二条通堀川西入ル二条城町541<br>☎ 075-841-0096(市元離宮二条城事務所) | 8:45〜16:00(17:00閉城) | p.154〜、p.161 |
| ⑰ | 仙洞御所 | 京都市上京区京都御苑内<br>☎ 075-211-1215(宮内庁京都事務所) | 宮内庁宛参観申し込み要(p.281参照) | p.169〜、p.172 |
| ⑱ | 大徳寺 | 京都市北区紫野大徳寺町53<br>☎ 075-491-0019 | 9:00〜16:00<br>(本坊は非公開) | p.174〜、p.181 |
| ⑲ | 南禅寺本坊方丈 | 京都市左京区南禅寺福地町<br>☎ 075-771-0365 | 8:40〜17:00<br>(12月〜2月8:40〜16:30) | p.182〜、p.187 |
| ⑳ | 金地院 | 京都市左京区南禅寺福地町86-12<br>☎ 075-771-3511 | 8:30〜17:00<br>(12月〜2月8:30〜16:30) | p.182〜、p.188 |
| ㉑ | 龍安寺 | 京都市右京区龍安寺御陵ノ下町13<br>☎ 075-463-2216 | 8:00〜17:00<br>(12月〜2月8:30〜16:30 | p.190〜、p.204 |
| ㉒ | 高台寺 | 京都市東山区高台寺下河原町526<br>☎ 075-561-9966 | 9:00〜17:00(季節により変動あり) | p.205〜、p.210 |
| ㉓ | 桂離宮 | 京都市西京区桂御園<br>☎ 075-211-1215(宮内庁京都事務所) | 宮内庁宛参観申し込み要(p.281参照) | p.212〜、p.231 |
| ㉔ | 曼殊院 | 京都市左京区一乗寺竹ノ内町42<br>☎ 075-781-5010 | 9:00〜17:00<br>(16:30受付終了) | p.232〜、p.238 |
| ㉕ | 修学院離宮 | 京都市左京区修学院藪添<br>☎ 075-211-1215(宮内庁京都事務所) | 宮内庁宛参観申し込み要(p.281参照) | p.240〜、p.249 |
| ㉖ | 円通寺 | 京都市左京区岩倉幡枝町389 | 10:00〜16:30<br>(12月〜3月10:00〜16:00) | p.250〜、p.254 |
| ㉗ | 詩仙堂 | 京都市左京区一乗寺門口町27<br>☎ 075-781-2954 | 9:00〜17:00(入場は〜16:45) | p.255〜、p.259 |

※各庭園への入場は、特記以外公開時間終了の30分前までに受付をしてください。上記記載の他、それぞれの特別行事日等に休園となる場合がありますので、詳細は各庭園にお問い合わせください。参観が申し込み制の庭園は、原則的には、往復はがきに参観希望者の住所・氏名及び参観希望日(予備日)を記入して、少なくとも1カ月前までに申し込みます。あらかじめ参観可能日が定められていたり、所定の書類を取り寄せなければならない庭園もありますので、事前に問い合わせたほうがよいでしょう。非公開の庭園については、紹介者等がない限り現在は参観できません。

[本書掲載庭園リスト]

| No. | 庭園名 | 所在地・問い合わせ電話番号 | 公開時間 | 掲載頁 |
|---|---|---|---|---|
| ❶ | 西芳寺(苔寺) | 京都市西京区松尾神ヶ谷町56<br>☎075-391-3631 | 申し込み制(往復はがき) | p.16〜、p.26 |
| ❷ | 天龍寺 | 京都市右京区嵯峨天龍寺芒ノ馬場町68<br>☎075-881-1235 | 8:30〜17:30(10月21日〜3月20日8:30〜17:00) | p.27〜、p.32 |
| ❸ | 平等院 | 宇治市宇治蓮華116<br>☎0774-21-2861 | 8:30〜17:30(12月〜2月9:00〜16:30) | p.34〜、p.41 |
| ❹ | 浄瑠璃寺 | 相楽郡加茂町大字西小小字札場40<br>☎0774-76-2390 | 9:00〜17:00(12月〜2月10:00〜16:00) | p.42〜、p.45 |
| ❺ | 鹿苑寺(金閣寺) | 京都市北区金閣寺町1<br>☎075-461-0013 | 9:00〜17:00 | p.48〜、p.57 |
| ❻ | 慈照寺(銀閣寺) | 京都市左京区銀閣寺町2<br>☎075-771-5725 | 8:30〜17:00(12月1日〜2月末日9:00〜16:30) | p.58〜、p.78 |
| ❼ | 妙喜庵待庵 | 乙訓郡大山崎町字大山崎小字竜光56<br>☎075-956-0103 | 申し込み制(往復はがき) | p.80〜、p.89 |
| ❽ | 表千家不審菴 | 京都市上京区小川通寺之内上ル<br>☎075-432-1111 | 非公開 | p.90〜、p.94 |
| ❾ | 裏千家今日庵 | 京都市上京区小川通寺之内上ル<br>☎075-431-3111 | 非公開 | p.91〜、p.94 |
| ❿ | 武者小路千家官休庵 | 京都市上京区武者小路通小川東入ル613<br>☎075-411-1000 | 詳細は問い合わせを | p.93、p.95 |
| ⓫ | 醍醐寺三宝院 | 京都市伏見区醍醐東大路町22<br>☎075-571-0002 | 9:00〜17:00(12月〜2月9:00〜16:00) | p.98〜、p.119 |
| ⓬ | 西本願寺 | 京都市下京区堀川通花屋町下ル<br>☎075-371-5181 | 5:30〜17:30(5月〜8月は〜18:00、11月〜2月は6:00〜17:00)、書院参観10:45、14:45の2回 | p.120〜、p.131 |
| ⓭ | 智積院 | 京都市東山区東大路七条下ル東瓦町964<br>☎075-541-5363 | 9:00〜16:30 | p.139〜、p.146 |
| ⓮ | 渉成園(枳殻邸) | 京都市下京区下珠数屋町通間之町東入ル東玉水町300<br>☎075-371-9182 | 9:00〜16:00(受付は15:30まで) | p.139〜、p.147 |
| ⓯ | 神泉苑 | 京都市中京区御池通神泉苑町東入ル門前町166<br>☎075-821-1466 | 9:00〜日没まで | p.150〜、p.153 |

※巻末及び各庭のデータは二〇〇四年一〇月現在のものです。

宮元健次（みやもとけんじ）
1962年生まれ。作家・建築家。'87年東京芸術大学大学院美術研究科修了。宮元建築研究所代表取締役。龍谷大学助教授、大同工業大学教授を歴任。主な著書に、『月と日本建築―桂離宮から月を観る』『京都 格別な寺』『仏像は語る』（以上、光文社新書）、『〈図説〉日本庭園のみかた』『〈図説〉日本建築のみかた』『龍安寺石庭を推理する』『桂離宮　隠された三つの謎』『修学院離宮物語』『近世日本建築にひそむ西欧手法の謎「キリシタン建築」論序説』『桂離宮 ブルーノ・タウトは証言する』『建築家秀吉』などがある。

# 京《きょう》都《と》名《めい》庭《てい》を歩《ある》く

2004年10月20日初版1刷発行
2016年8月15日　　6刷発行

著　者 ― 宮元健次
発行者 ― 駒井　稔
装　幀 ― アラン・チャン
印刷所 ― 萩原印刷
製本所 ― ナショナル製本
発行所 ― 株式会社光文社
東京都文京区音羽1-16-6（〒112-8011）
http://www.kobunsha.com/
電　話 ― 編集部03(5395)8289 書籍販売部03(5395)8116
業務部03(5395)8125
メール ― sinsyo@kobunsha.com

 ISBN 978-4-334-03274-6

光文社新書

156 ナンバの身体論 身体が喜ぶ動きを探求する　矢野龍彦　金田伸夫　長谷川智　古谷一郎

157 明治・大正・昭和 軍隊マニュアル 人はなぜ戦場へ行ったのか　一ノ瀬俊也

158 ローカル線ひとり旅　谷川一巳

159 世紀の誤審 オリンピックからW杯まで　生島淳

160 物語 古代ギリシア人の歴史 ユートピア史観を問い直す　周藤芳幸

161 組織変革のビジョン　金井壽宏

162 早期教育と脳　小西行郎

163 スナップ・ジャッジメント 瞬間読心術　内藤誼人

164 となりのカフカ　池内紀

165 ブッダとそのダンマ　B・R・アンベードカル　山際素男 訳

166 オニババ化する女たち 女性の身体性を取り戻す　三砂ちづる

167 経済物理学《エコノフィジックス》の発見　高安秀樹

168 京都料亭の味わい方　村田吉弘

169 フランク・ロイド・ライトの日本 浮世絵に魅せられた「もう一つの顔」　谷川正己

170 「極み」のひとり旅　柏井壽

171 江戸三〇〇藩 バカ殿と名君 うちの殿さまは偉かった？　八幡和郎

172 スティグリッツ早稲田大学講義録 グローバリゼーション再考　藪下史郎　荒木一法 編著

173 「人間嫌い」の言い分　長山靖生

174 京都名庭を歩く　宮元健次

175 ホンモノの温泉は、ここにある　松田忠徳